V&R

Wolfgang Otto (Hg.)

Freiheit
in der Gebundenheit

Zur Erinnerung an den Theologen
Ernst Lohmeyer
anläßlich seines 100. Geburtstages

Vandenhoeck & Ruprecht
in Göttingen

CIP-Titelaufnahme der Deutschen Bibliothek

Freiheit in der Gebundenheit: zur Erinnerung an den Theologen
Ernst Lohmeyer anläßlich seines 100. Geburtstages /
Wolfgang Otto (Hg.). — Göttingen: Vandenhoeck u. Ruprecht, 1990
ISBN 3-525-53588-0
NE: Otto, Wolfgang [Hrsg.]

Das Werk einschließlich aller seiner Teile ist urheberrechtlich geschützt.
Jede Verwertung außerhalb der engen Grenzen des Urheberrechtsgesetzes
ist ohne Zustimmung des Verlages unzulässig und strafbar.
Das gilt insbesondere für Vervielfältigungen, Übersetzungen, Mikroverfilmungen und die Einspeicherung und Verarbeitung in elektronischen
Systemen.
© 1990 Vandenhoeck & Ruprecht, Göttingen
Printed in Germany
Schrift: Times, gesetzt auf Compugraphic
Satz: Schriftsatzstudio Grohs, Landolfshausen
Druck und Einband: Hubert & Co., Göttingen

Ernst Lohmeyer, Rektor der Universität Breslau, 1930

Inhalt

  7–   9 Vorwort
11– 14 Ernst Lohmeyer – Leben und Werk
15– 17 Ernst Lohmeyer an Martin Buber
18– 35 Ernst Lohmeyer: Die rechte Interpretation des Mythologischen
36– 52 Gudrun Otto, geb. Lohmeyer: Erinnerung an den Vater
53– 87 Dieter Lührmann: Ernst Lohmeyers exegetisches Erbe
88– 97 Günter Haufe: Ernst Lohmeyer — Theologische Exegese aus dem Geist des philosophischen Idealismus
98–134 Horst J.E. Beintker: Ernst Lohmeyers Stellung zum Judentum
135–180 Wolfgang Otto: Ernst Lohmeyer und Jochen Klepper
181–191 Dieter Lührmann: Bibliographie Ernst Lohmeyer

Vorwort

Am 8. Juli dieses Jahres wäre Ernst Lohmeyer 100 Jahre alt geworden. Er wurde bereits im Herbst 1946 – wahrscheinlich am 19. September – 56jährig in der Nähe von Greifswald durch Genickschuß liquidiert und damit, wie so viele Opfer des Stalinismus, zu jener Strafe verurteilt – wie Manès Sperber es sagt, »niemals gewesen zu sein«.

Und doch – er ist gewesen: Wir sehen es an seinem umfangreichen wissenschaftlichen Werk! So umfangreich dieses Werk auch ist, steht es doch nur am Rande und zeigt den Theologen Ernst Lohmeyer als den großen Außenseiter der Theologie dieses Jahrhunderts, dessen Fragestellungen, auch Antworten, nicht abgenutzt sind, sondern in ihrer Originalität immer neu herausfordern.

Weder die Kirche noch die wissenschaftliche Welt kann an diesem Werk stillschweigend vorbeigehen, ebensowenig wie an seinem persönlichen Schicksal, wie es der Schweizer Theologe Oscar Cullmann anläßlich der Nachricht seines Todes formulierte:

»Mit dem Verschweigen, Vertuschen, Verharmlosen oder gar Entschuldigen dieses Unrechts macht man sich ebenso mitschuldig, wie dies in analogen Fällen mit einer solchen Haltung den nationalsozialistischen Verbrechen gegenüber der Fall gewesen war.«

Der frühere Rektor der Breslauer Universität, von den Nazis seines Amtes enthoben, der erste Rektor der Universität

Greifswald nach 1945 mußte zu seiner Zeit scheitern: einmal standen ihm die braunen, dann die roten Machthaber brutal im Wege. Unmittelbar vor der Wiedereröffnung der Universität Greifswald in der Nacht vom 14. zum 15. Februar 1946 war Ernst Lohmeyer in seiner Wohnung vom sowjetischen NKWD verhaftet worden. Als am Morgen des 15. Februar die Universität feierlich eröffnet wurde, mußte vor Beginn der leere Rektorensessel mit der Amtskette aus der Mitte der Aula geschafft werden. »Seine Magnifizenz könne besonderer Umstände wegen nicht teilnehmen,« sagte der Universitätsparteisekretär.

Erst Jahre später erhielt die Familie die Nachricht, daß Ernst Lohmeyer bereits im Herbst 1946 in russischem Gewahrsam umgekommen war. Was er zu seiner Zeit vergeblich versuchte, gewinnt heute neue Aktualität. An Lehrende und Lernende richtete er – der erste nach 1945 frei gewählte Rektor der Universität Greifswald – zum Wiederbeginn des akademischen Unterrichts die Worte:

»Dieser Beginn geschieht mit einer neuen Freiheit und einer alten Gebundenheit: die Freiheit gilt dem Aufhören einer Forschung und einer Lehre, welche, von willkürlichen und falschen Voraussetzungen geleitet, selber zu falschen und willkürlichen Zielen leitet und andere mit dem Zwange ihrer Willkür bedrückte, die Gebundenheit aber gilt dem alten Wege, der, frei von Gewaltsamkeiten und Voreingenommenheiten, zu den Dingen selber führt und sie in ihrer ursprünglichen Wahrheit, ihrer sachlichen Bedeutung und ihren menschlichen und sozialen Beziehungen zeigt. So gesehen, ist dieser Wiederbeginn mehr als ein Fortsetzen dessen, was eine Zeitlang unterbrochen war, es ist ein Aufbrechen zu neuen und doch alten Zielen, auf neuen und doch alten Wegen, mit neuen und doch alten Kräften. Neu ist dieses alles, weil nach dem erlittenen Zusammenbruch nichts mehr dort begonnen werden kann, wo es bisher stand, und dennoch ist dieses alles auch alt, weil auch die brutalste Gewalt und die schlimmste Willkür auf die Dauer nicht das Antlitz der wahren Dinge und Probleme entstellen können.«

Von dem »Antlitz der wahren Dinge und Probleme« gibt das wissenschaftliche Werk Ernst Lohmeyers Zeugnis. Die

Beiträge dieses Erinnerungsbandes können nur weniges davon andeuten. Sie möchten den Leser hinführen zu dem Werk Ernst Lohmeyers selbst, dessen Brief an Martin Buber aus dem Jahre 1933 sowie dessen Vortrag aus dem Jahre 1944 zu einem der umstrittensten Themen der Theologie dieses Jahrhunderts »Die rechte Interpretation des Mythologischen« in diesem Band neu abgedruckt sind. Über das Gesamtwerk gibt die ausführliche Bibliographie Auskunft.

Neben dem Werk soll auch die Persönlichkeit – gerade das Künstlerische in Lohmeyers Persönlichkeit – sowie sein Schicksal angesprochen werden.

Daß dieser Band möglich wurde, ist auch dem Engagement von Bischof D. Dr. Hermann Kunst sowie der großzügigen Unterstützung durch Herrn Berthold Beitz zu danken. Aus der Verbundenheit zu seiner Heimatstadt Greifswald hat er dieses dem ersten Nachkriegsrektor der Universität Greifswald gewidmete Werk möglich gemacht.

Dank gilt auch dem Lutherischen Kirchenamt in Hannover, der Evangelischen Kirche von Westfalen sowie dem Kreis Herford für ihren Beitrag zu den Druckkosten.

Möge uns dieser Erinnerungsband im Blick auf Leben und Werk Ernst Lohmeyers vor Augen stellen, daß »auch die brutalste Gewalt und die schlimmste Willkür auf die Dauer nicht das Antlitz der wahren Dinge und Probleme entstellen können«.

Eine Situation des Umbruchs und des Neuanfangs macht jetzt im Jahre seines 100. Geburtstages hoffentlich das möglich – auch an der Universität Greifswald –, was Ernst Lohmeyer zu seiner Zeit als ihr Rektor erhoffte: einen Aufbruch in Forschung und Lehre mit einer neuen Freiheit und einer alten Gebundenheit:

>»*Freiheit in der Gebundenheit!*«

Wolfgang Otto

Ernst Lohmeyer – Leben und Werk

Überarbeitete Fassung von: vita et opera, in: in memoriam Ernst Lohmeyer von W. Schmauch

8.7.1890   geboren im Pfarrhaus Dorsten, Kr. Recklinghausen, Westf., als 4. unter 9 Kindern. Vater: Pastor Heinrich Lohmeyer, Mutter: Maria, geb. Niemann. Großvater: Heinrich Lohmeyer, Schulrektor in Schildesche, bekannt als Herausgeber vom »Evang. Choralbuch für Kirche und Haus, 371 Choräle, Bielefeld 1861«. Großvater: Karl Niemann, Oberkonsistorialrat in Münster

8.8.1890   vom Vater getauft

seit 1895   aufgewachsen im Pfarrhaus in Vlotho, Kr. Herford

2.4.1905   Sonntag Lätare vom Vater konfirmiert: »So sei nun stark, mein Sohn, durch die Gnade in Christo Jesu« (2. Tim 2,1)

1899–1908 Schüler des Friedrichs-Gymnasium in Herford

20.3.1908   Reifeprüfung am Friedrichs-Gymnasium Herford

1908–1911 Studium der Theologie, der Philosophie und der Orientalischen Sprachen. SS 1908 bis WS 1908/09 Tübingen, SS 1909 Leipzig, WS 1909/10 bis SS 1911 Berlin

1911–1912 Hauslehrer bei Graf von Bethusy-Huc in Gaffron/Schlesien

24.7.1912 Lic.theol. von Berlin. Inaugural-Dissertation: Der Begriff Diatheke in der antiken Welt und in der Griechischen Bibel. Opponenten: Privatdozent Dr. M. Dibelius, Privatdozent Lic. H. Scholz, Kandiat H. Hartmann

12.12.1912 1. Theologische Prüfung beim Ev. Konsistorium Münster
Diatheke, ein Beitrag zur Erklärung des neutestamentlichen Begriffs, Leipzig 1914

1913–1918 Militärdienst. Heimkehr 30.11.1918

27.1.1914 Dr. phil. von Erlangen. Dissertation: Die Lehre vom Willen bei Anselm von Canterbury
Die Lehre vom Willen bei Anselm von Canterbury, Leipzig 1914

16.7.1916 Kriegstrauung mit Melie Seyberth. Kinder: Beate-Dorothee †, Ernst-Helge †, Hermann-Hartmut, Gudrun-Ricarda

16.10.1918 Venia legendi und Antrittsvorlesung in Heidelberg während des letzten Kriegsurlaubs
Christuskult und Kaiserkult, Tübingen 1919; Vom göttlichen Wohlgeruch, Heidelberg 1919

1.10.1920 a.o. Professor in Breslau

1.2.1921   ord. ö. Professor der Theologie in Breslau —
bis 1935

10.12.1921 D. theol. h.c. von Berlin
Soziale Fragen im Urchristentum, Leipzig
1921; Vom Begriff der religiösen Gemeinschaft, Leipzig 1925; Die Offenbarung des
Johannes. Handbuch zum Neuen Testament,
Tübingen 1926; Die Offenbarung des Johannes
übertragen, Tübingen 1926; Kyrios Jesus, eine
Untersuchung zu Phil 2, 5—11, Heidelberg
1927/28; Der Brief an die Philipper, Krit. exeget. Kommentar, Göttingen 1928; Grundlagen
paulinischer Theologie, Tübingen 1929; Die
Briefe an die Kolosser und an Philemon, Krit.
exeget. Kommentar, Göttingen 1930

1930—1931 Rektor Magnifikus der Friedrich-Wilhelms-
Universität Breslau (WS 1930/31 und SS 1931)
Das Urchristentum, 1. Buch Johannes der
Täufer, Göttingen 1932

1.10.1935 Strafversetzung von Breslau nach Greifswald
wegen antinationalsozialistischer Haltung und
Betätigung. Dort Professor der Theologie bis
1946
Galiläa und Jerusalem, Göttingen 1936; Das
Evangelium des Markus, Krit. exeget. Kommentar, Göttingen 1937

1939—1943 Militärdienst. Reklamation der Universität
Greifswald, Heimkehr 28.4.1943
Kultus und Evangelium, Göttingen 1942; Gottesknecht und Davidsohn, Uppsala 1945

15.5.1945	Rektor der Universität Greifswald Das Vaterunser, Göttingen 1946; Das Evangelium des Matthäus (nicht vollendet), Krit. exeget. Kommentar, Göttigen 1956
15.2.1946	verhaftet in der Nacht vor der Wiedereröffnung der Universität Greifswald
19.9.1946	in der Nähe von Greifswald durch Genickschuß liquidiert

Ernst Lohmeyer an Martin Buber *

Glasegrund bei Habelschwerdt, 19.8.1933

Sehr verehrter Herr Kollege,
Ich las soeben Ihren offenen Brief an Gerhard Kittel, und es drängt mich Ihnen zu sagen, daß mir jedes Ihrer Worte wie aus meinem Herzen gesprochen ist. Aber was mich drängt, ist nicht nur dieses Gefühl geistiger Verbundenheit, wenngleich das in diesen Tagen um seiner Seltenheit willen mich begleitet, sondern es ist, um es offen zu sagen, etwas wie Scham, daß theologische Kollegen so denken und schreiben können, wie sie es tun, daß die evangelische Kirche so schweigen kann, wie sie es tut, und wie ein führerloses Schiff von dem politischen Sturmwind einer doch flüchtigen Gegenwart sich aus ihrem Kurse treiben läßt; und dieser Brief soll Ihnen nur ein Zeichen sein, daß nicht alle in den theologischen Fakultäten, auch nicht alle Neutestamentler, Kittels Meinungen teilen.

Ich möchte freilich nicht den Eindruck erwecken, als nähme ich die Frage, von der Sie schreiben, nicht bitter ernst. Aber es wäre schon vieles gewonnen, wenn man nur klar erkennen wollte, wo und wie sie zu stellen ist. Nicht von Mensch zu Mensch, auch nicht unter Gesichtspunkten des Staates, des Volkes, der Rasse oder welche fürchterlichen

---

* In: Martin Buber, Briefwechsel aus sieben Jahrzehnten. II: 1918–1938, Heidelberg 1973, S. 499 f.

Schlagworte jetzt immer ihr Wesen treiben oder besser ihr Unwesen — es gibt da keine Möglichkeit, zu fragen oder auch zu antworten, weil jede gesicherte Voraussetzung fehlt und jede Diskussion in These und Antithese, in Pathos und Sentiment abgleiten muß. Und allem, was auf diesen Gebieten an Bedrückendem sich ereignet, ist nicht durch Worte, sondern nur durch Hilfe zu begegnen. Es bleibt die Frage des Glaubens — die ebenso enge Verbundenheit und Gebundenheit an das eine Buch und die ebenso deutliche Geschiedenheit. Und es scheint, als sei es dem deutschen Christentum besonders schwer, diese Doppelheit der Beziehungen zu tragen und zu begreifen. Es bedürfte einer weitreichenden Klärung all der geschichtlichen und sachlichen Voraussetzungen, auf denen dieses zweifache Verhältnis ruht; ich kann sie jetzt nicht geben und brauche sie Ihnen nicht sagen. Ich hoffe, daß Sie mit mir darin übereinstimmen werden, daß der christliche Glaube nur so lange christlich ist, als er den jüdischen in seinem Herzen trägt; ich weiß nicht, ob Sie auch der Umkehrung beistimmen werden, daß auch der jüdische Glaube nur so lange jüdisch ist, als er den christlichen in sich zu hegen vermag. Das soll zunächst nichts weiter sagen, als daß diese Frage von Judentum und Christentum nicht wie zwischen Part und Widerpart hin- und hergeworfen werden kann, sondern daß es eine innere, den eigenen Ernst und die eigene Wahrheit erschütternde Frage des Glaubens ist. Ich wüßte für einen christlichen Theologen fast nichts, wo das »Tua res agitur« ihn so gefangennehmen sollte, wie diese Frage des Judentums. Und es ist für mich eine bittere Erfahrung, daß in unserer christlichen wie theologischen Öffentlichkeit man so leichthin politischen oder sonstwie gefärbten Schlagworten zuneigt, wie es etwa in Kittels Begriff vom »Gehorsam gegen die Fremdlingschaft« geschieht, der einer politischen Maßnahme ein religiöses Mäntelchen, fadenscheinig und voller Löcher, umhängt. Und noch bitterer ist es, daß, wenn die »Diffamierung« politisch und sozial durchgeführt wird, daß dann kein Theologe und keine Kirche nach dem Beispiel ihres Meisters zu den Verfemten spricht: Mein Bruder bist Du, sondern von ihnen fordert, statt ihnen zu helfen. Aber alles Geschehene ist ja nur zu begreifen, wenn man sich immer wieder sagt, daß wir kaum jemals so weit vom christlichen Glauben entfernt waren wie eben jetzt, und es bleibt uns nur die leise Hoffnung auf eine Erneuerung des Christentums, wie Sie sie für die Erneuerung des Judentums hegen. Dann erst scheint mir auch der Boden recht bereitet zu sein, um die jedem im anderen entstehende Frage fruchtbar zu lösen. Ich danke Ihnen herzlich für Ihren offenen Brief und bin mit aufrichtigem kollegialem Gruß, und wenn ich Ihnen auch nicht persönlich bekannt bin, dennoch in alter und nun wieder neuer Verbundenheit

...

ERNST LOHMEYER

Die rechte Interpretation des Mythologischen *1

Sie haben mich gebeten, über das Problem der Entmythologisierung der neutestamentlichen Verkündigung, das vor einem Jahre Rud. Bultmann in einem Aufsatz aufgeworfen hat, zu Ihnen zu sprechen. Das Problem ist an sich alt; man kann es schon in dem Spott der aufgeklärten Athener finden, welche über den von Paulus verkündeten Gedanken der Totenauferstehung spotten. Aber in der Form, in der es die protestantische Theologie beschäftigt, stammt es aus dem 17. Jahrhundert; seitdem die historische Kritik an den Urkunden der Vergangenheit erwachte, ist auch die Kritik an dem Alten Testament und Neuen Testament nicht stumm geworden. Dem Zeitalter der Aufklärung galt es, aus der geschichtlichen Überlieferung als einem verhüllenden Gewande die ewigen Ideen der Vernunft in ihrer reinen Wahrheit zu befreien und alles mythische Wesen – oder vielmehr von ihrem Standpunkt aus: Unwesen – abzutun. Das Dogma der reinen Vernunft stellte hier die Aufgabe der Entmythologisierung. Tiefer hat die Philosophie des Idealismus das Problem gefaßt; ihr gilt der Mythos als die notwendige Form, die der Geist des Christentums angenommen hat; er

---

* In: Hans-Werner Bartsch, Kerygma und Mythos I, Hamburg, 1. Aufl. 1948, 5. Aufl. 1967, S. 139–149.

1 Nach einem Vortrag am 9. Januar 1944 in Breslau.

hat darin sein Recht und seine Begründung, aber er verlangt damit auch, in dem reinen Begriff der philosophischen Wahrheit aufgehoben zu werden. Auch hier ist also Entmythologisierung die Aufgabe, aber sie ist nicht mehr von einem gleichsam fremden Dogma gestellt, sondern wird von der Sache der christlichen Offenbarung gefordert, wie sehr auch im einzelnen noch das Erbe der Aufklärung spürbar ist. Diese Lösung des Problems hat bis in unsere Zeit hinein, wenn auch in mannigfaltiger Abwandlung und Lockerung, die liberale Theologie bestimmt; heute, darf man sagen, ist der Bund zwischen christlicher Offenbarung und idealistischer Philosophie, wenigstens auf dem Gebiet der neutestamentlichen Exegese, gelöst, und Bultmann selbst ist einer derjenigen gewesen, der das überkommene Band zerschnitten hat. Es ist darum nur folgerichtig, wenn er jetzt das Problem aufgreift, das durch den deutschen Idealismus gelöst war; es harrte, nachdem jene Zerschneidung beides, den Mythos des Evangeliums wie die Wahrheit der Philosophie selbständig gemacht und ihr Verhältnis zueinander ungeklärt gelassen hatte, einer neuen Bestimmung. Man erkennt die Wirkung dieses Erbes gerade auch an der Antwort, welche Bultmann der Frage der Entmythologisierung gibt; denn wie es der Philosophie des Idealismus um ein Doppeltes zu tun war: Um die Sauberkeit philosophischen Denkens wie um die Wahrheit der christlichen Verkündigung, so sind auch in Bultmanns Darlegungen diese beiden Tendenzen deutlich wirksam. Er kämpft für die Unverfälschtheit der neutestamentlichen Botschaft, aber er kämpft auch für die Klarheit des wissenschaftlichen, insbesondere des theologischen Denkens. Nur heißt das Losungswort, um es überspitzt zu formulieren, nicht mehr Phänomenologie des Geistes, wie Hegel es nannte, sondern Phänomenologie der Existenz nach Kierkegaards Vorbild. Freilich fällt nun auch der Gedanke des neutestamentlichen Mythos wie eine leere und unnütz gewordene Hülse zu Boden wie in den frühen Zeiten der Aufklärung; denn die

Existentialphilosophie fragt eben nach dem Menschen, der Mythos verkündet von Gott und Göttern. So kann auch der Mythos nur insoweit Wahrheit in sich bergen, als in seinen Vorstellungen, wie Bultmann sagt, ein Existenzverständnis des Menschen sich ausspricht. Wir müssen zuvor diese beiden Tendenzen genauer bestimmen.

I.

Was heißt Mythos? so lautet die erste Frage. Bultmann definiert ihn in dem Sinne der religionsgeschichtlichen Forschung, wonach das Unweltliche, Göttliche als Weltliches, Menschliches, das Jenseitige als ein Diesseitiges erscheint. Er tut es nur nebenbei, d.h. er fragt weder, ob diese Definition in sich begründet, noch ob sie der neutestamentlichen Offenbarung angemessen sei. Sie verzichtet also einmal darauf, etwas von dem besonderen gläubigen Gehalt auszusprechen, den der Mythos in sich faßt, sondern sie will mit Absicht rein »formal« sein, um alle möglichen Gehalte aller möglichen Religionen in sich zu fassen. Aber was heißt hier Form, was Gehalt, und wodurch werden beide voneinander geschieden? Aber nehmen wir diese Definition vorläufig hin, so bleibt doch die Frage: Ist sie dem religiösen Sachverhalt angemessen? Sie ruht darauf, daß das Unweltliche vom Weltlichen, das Göttliche vom Menschlichen geschieden sei, und sieht die Besonderheit des Mythischen darin, daß es die beiden geschiedenen Sachverhalte in Eines setze. Gewiß ist das richtig, aber diese Ineinssetzung, entspricht sie nicht dem Wesen jeder Religion? Denn was heißt an Gott glauben oder von Göttern reden anderes als von seinem Wirken und Wesen in dieser Welt reden, unter uns Menschen, in der Weise, wie Menschen wirken und reden? »Das Göttliche« als ein »Menschliches« vorzustellen, – hier liegt die Frage und die Antwort, der Trost und der Halt aller Religionen. Es ist ihr Geheimnis und ihr letzter Grund, daß menschliche Vorstellungen, so gewiß sie im Bereich des Menschlichen bleiben, dennoch das Göttliche zu fassen vermögen und in solcher Faßbarkeit zugleich alles menschliche Vorstellen übersteigen. Das bedeutet aber, daß auf Grund eben dieser von Bultmann angenommenen Definition der Mythos die Sprache aller Religionen ist, die Form ihrer Äußerung; eine religiöse Verkündung, welcher Art immer sie sei, entmythologisieren heißt deshalb, jede Religion zum Stumm-sein und damit zum Nichtsein verurteilen. Auch Bultmann scheint diese Konsequenz zu spüren, wenn er einmal sagt:

»Wer behauptet, daß jedes Reden von einem Tun Gottes mythologisches Reden sei, der muß freilich die Rede von der Tat Gottes in Christus einen Mythos nennen. Aber diese Frage sei hier zurückgestellt.« (S. 40).

Aber kann man diese Frage zurückstellen, wenn man das Problem der Entmythologisierung aufstellt?

Hier scheint freilich dem Bultmannschen Programm der Mythos selbst zur Hilfe zu kommen. Denn in ihm sind viele Dinge enthalten, die nicht zu der reinen Beziehung von Gott und Mensch, Gott und Welt gehören; man braucht nur an die Vorstellung des Himmelsgewölbes zu denken, das auf die Ränder der Erdscheibe sich stützt, einer Unterwelt, die unter der Decke der Erde sich wie in einer tiefen und dunklen Höhle beunruhigend regt, an die Sterne, die als Geister die Geschicke der Menschen regieren. Und alles dieses findet sich im NT reichlich; es ist auch nicht nur ein historisches Beiwerk, – die verdunkelnde Patina der Vergangenheit –, sondern reicht bis an die Mitte des Evangeliums. Denn wo bleiben z.B. jene Wunder Jesu, welche Dämonen vertreiben und Krankheiten jeglicher Art heilen? Aber hier zeigt sich auch das Problem des Ineinanders von religiöser Aussage und objektiver Bestimmung, das dem Mythos innewohnt. Es nimmt sein Material aus dem System von objektiven Vorstellungen und historischen Bedingungen, um an ihm in Erzählung oder Lehre, in Orakelspruch oder Regel, in Kampf oder Gericht zu klären, was es über die reine Beziehung von Gott und Mensch auszusagen hat. Man ist deshalb immer wieder versucht, diesen reinen und fruchtbaren Kern aus der geschichtlichen Hülse herauszuschälen, und vergeht sich doch hier wie bei jeglicher Überlieferung an der inneren und unzerbrechbaren Einheit, zu welcher der bleibende Sinn und die geschichtliche Form sich auch im Mythos verbinden. Um dieses Verhältnis an einem auch von Bultmann angeführten Beispiele klar zu machen: B. hält die mythische Eschatologie »durch die einfache Tatsache für erledigt, daß Christi Parusie nicht wie das NT erwartet, alsbald stattgefunden hat, sondern daß die Weltgeschichte weiterlief und – wie jeder Zurechnungsfähige überzeugt ist – weiterlaufen wird« (S. 18). Das ist gewiß richtig; aber ist darum jene Eschatologie »erledigt«? Wie käme es dann, daß in den hohen Zeiten christlichen Glaubens »der jüngste Tag« der vertraute und nahe Freund war, der morgen oder auch heute in die Türe eintreten wird? Und das ist nicht in kleinen Konventikeln und engen Sekten geschehen, sondern gerade bei den »Großen« christlichen Bekenntnisses, bei Augustin, bei Luther, bei Calvin, um nur einige Namen zu nennen. Daß der Herr nahe ist, daß der Gläubige am Ende der Zeit und der Geschichte steht, das bezeichnet nur die Letztheit und Unverbrüchlichkeit der Wahrheit und Wirklichkeit, die er im Glauben bekennt. Wir werden gleich noch mehr davon zu sagen haben.

Wir müssen noch weiter den Bultmannschen Thesen folgen. Er betont, daß das Wesen des Mythos selbst die Aufgabe stelle, ihn zu entmythologisieren. Aller Mythos wolle nicht kosmologisch, sondern anthropologisch, besser existential interpretiert werden. Wichtig ist der Begriff einer solchen Interpretation selbst. Gewiß spricht der Mythos auch von der Existenz des Menschen, – besser wäre wohl: des gläubigen Menschen –, er redet von den Grenzen und Gründen seiner Welt, von den Mächten oder der Macht, die sie bedingen, die ihn fordern oder begnaden. So ist gewiß aus jedem Mythos die Kenntnis der menschlichen Existenz zu entnehmen. Aber ist das sein einziger Inhalt und seine einzige Absicht? Selbst wenn alle Religion, deren Sprache ja der Mythos ist, nur um die eine Beziehung von Gott und Mensch sich bewegte, so wäre der Gesichtspunkt der existentialen Interpretation zu eng, um ihre und seine Fülle zu fassen. Denn sie kennt jene göttliche Macht nur als Grund oder Grenze dieser Existenz, kennt sie aber nicht in ihrem eigenen, in sich selbst gegründeten Wesen, in seiner reinen Unabhängigkeit und Selbstgenügsamkeit. Gott ist größer, als daß er nur der Grund und die Bedingung menschlichen Existierens wäre, und das ist gerade die Rätselhaftigkeit des Mythos, daß er — dogmatisch gesprochen — von dieser Aseität Gottes in menschlichen Worten und Beziehungen zu reden wagt und zu reden vermag. Mit anderen Worten: Der Gedanke der Beziehung, welche Gott und Mensch ebenso verbindet wie scheidet, ist nur von einer Seite her erfaßt, soll der Mythos nur existential verstanden werden, aber nicht in der Fülle seiner Momente, und dem eigentlichen Wunder seiner Möglichkeit. Aber der Mythos weiß nicht nur von diesem einen zu reden; fast wichtiger ist ihm die andere Beziehung: Gott und Welt; man denke etwa an die Erzählungen von der Weltentstehung, die ja immer das deutlichste Beispiel eines Mythos sind. Nun ist gewiß auch bei einer existentialen Interpretation auch von dieser Beziehung die Rede, aber wie gerade Bultmanns Aufsatz lehrt, ist die Welt nur der Raum, in dem der Mensch sich vorfindet. Auch sie bleibt auf ihn bezogen als den wahren Mittelpunkt, um den sich alles dreht. Und doch wäre es dem Mythos angemessener, wenn man den Menschen als ein Moment in dem unabsehbaren Ganzen dieser Welt verstünde — selbst das NT tut das mit deutlichen und klassischen Worten; es sagt nicht: Also hat Gott den Menschen geliebt, sondern: Also hat Gott die Welt geliebt. Und noch schärfer wird diese Einengung, wenn diese Welt als das Bekannte und Verfügbare dem Menschen gleichsam in die Hand gegeben wird. Auch hier lehrt der Mythos eher das Umgekehrte, daß der Mensch als das Verfügbare der Welt in die Hand gegeben ist, – das will sagen, daß der Begriff einer menschlichen Existenz ein Moment ihrer Ordnung und ihres Daseins ist –, daß weiter Welt und Mensch aus Gottes Hand kommen und in Gottes Hand ruhen. Um den unerschöpflichen Reichtum dieser Beziehungen zwischen Gott und Welt und Mensch kreist der Mythos; er lebt und quillt wie ein unversieglicher Brunnen aus diesen dreifachen theologischen, kosmologischen und anthropologischen Gründen.

II.

Wenn die Dinge um den Mythos so liegen, was heißt dann »entmythologisieren«? Wir wollen nicht darauf bestehen, daß Bultmann sich hier schillernd ausdrückt. Dem Wortverstande nach wie in weiten Partien seines Aufsatzes bedeutet es nichts anderes, als das unpassende mythische Gewand mit seiner falschen Objektivität von kosmischen Vorstellungen abstreifen und damit den Mythos vernichten. Aber dann bedeutet es wiederum, den Mythos im existentialen Sinne interpretieren und damit ihn bewahren, wie jede Interpretation den Text bewahrt, der ihre Aufgabe, gleichsam der Herr ihrer dienenden Bemühungen ist. Aber logisch gesehen, braucht sich beides nicht auszuschließen, wenn eben, wie Bultmann meint, der wahre Sinn des Mythos es wäre, das »Selbstverständnis des Menschen« aufzudecken, und jene objektivierenden, ein mythisches Weltbild zeichnenden Vorstellungen die unzureichenden Mittel sind, jenen Sinn auszuprägen. Freilich ist damit auch die Interpretation zum Herrn und Richter des zu interpretierenden Mythos erhoben und aus ihrer dienenden Stellung befreit. Aber mit welchem Recht geschieht das? Die Aufgabe der Interpretation schreibt B. bald der Theologie, bald der christlichen Verkündung, konkret gesprochen: dem Pfarrer auf der Kanzel zu. Aber ist beides dasselbe? Nur dann, wenn Theologie nichts anderes ist als gläubige Verkündung, Verkündung nichts anderes als Theologie. Damit wäre der Gedanke einer wissenschaftlichen Theologie preisgegeben, der doch Bultmann so stark, wie wenigen, am Herzen liegt, und überflüssig wäre auch die Auseinandersetzung geworden, welche er mit der sozusagen säkularen Existentialphilosophie pflegt – darüber wird gleich noch mehr zu sagen sein. Wichtiger ist hier die Frage, ob diese Aufgabe einer existentialen Interpretation wirklich im Bereich und in der Gewalt der christlichen Verkündung liegt. Ein großes und vielverschlungenes Problem ist damit angerührt. Alle christliche Verkündung gründet sich auf das NT als die Urkunde ihrer Offenbarung und ihres Glaubens; von ihm erhält sie Gehalt und Gesetz, Wahrheit und Wirklichkeit ihres Tuns. Aber die Art dieser Begründung ist ein eigentümliches Ineinander von Gebundenheit und Freiheit: sofern das NT eine geschichtliche Urkunde ist einer längst entschwundenen Vergangenheit, die ihre besonderen Gedanken und Vorstellungen, ihre Zweifel, Nöte, Sorgen, ihre Hoffnungen, Tröstungen, Verheißungen hat, welche alle anders sind als die unseren – insofern ist die christliche Verkündigung frei; denn sie hat ihr Maß und ihre Mitte in dem Glauben, der ihr geschenkt worden ist in ihrem Hier und Jetzt, und in der Offenbarung, die ihr als die bleibende überliefert ist: Jesus Christus gestern und heute derselbe und in alle Zeiten. Sofern sie aber auf diese Offenbarung sich gründet, sofern diese Offenbarung Gehorsam fordert von ihr als der »Verwalterin der Geheimnisse Gottes«, insofern ist sie bis auf den Buchstaben an die Urkunde dieser Offenbarung gebunden. Und in diesem Miteinander von Freiheit und Gebundenheit prägt sich nur die besondere Art dieser Offenbarung aus, welche zugleich eine geschichtliche und eine endgültige wie endzeitliche, die allein wahre Religion ist: Jesus Christus gestern – ja –, aber auch – heute und derselbe auch in Ewigkeit. Oder anders gewandt, diese Freiheit und Gebundenheit spiegeln nur die Grundtatsache wider, daß »das Wort Fleisch geworden ist«. Sie gelten jeder einzelnen Schrift wie dem Ganzen dieser Urkunde, jedem Kapitel wie jedem Satz, dem urchristlichen Bekenntnis wie dem urchristlichen Weltbild, dem mythischen Wunder wie dem historischen Geschehen. Alles dieses ist Grund und Abgrund des Glaubens, Anlaß und Anstoß, Halt und Problem, Antwort und Frage zugleich. Es hat Zeiten gegeben in der Geschichte des Christentums, da der sog. Mythos alles an Offenbarung und Gnade in sich faßte, und wieder andere Zeiten, da die geschichtliche Wirklichkeit des Meisters alles zu begreifen schien. Manche Zeiten haben nur den Christus Rex gesehen, andere wieder – man denke an den heiligen Franz von Assisi – nur den demütigen und liebevollen, in Liebe alles überwindenden Bruder. Und der Grund dieses Wechsels und Wandels, der dennoch nur den Einen und Gleichen meint und das Eine und Gleiche bleibt, ist die stets erneute Gabe und Aufgabe, das Ganze der Gottesoffenbarung in dem Ganzen des jeweiligen Lebens und der jeweiligen Zeit zu erfassen und zu verwirklichen. Sie ist es, welche die Tradition schafft und zerstört, welche bejaht und verneint, mythisiert und entmythologisiert, und die Christenheit darf, gerade auch in den Irrwegen, die sie geht oder die sie »durch den Geist der Zeit« geführt wird, das Zutrauen, das oft erschütterte und immer wieder zu erringende Zutrauen haben, daß der Geist Gottes sie in alle Wahrheit leitet. In diesem bleibenden, oft gehemmten, oft durch menschliche Schuld stockenden, und dennoch immer wieder anhebenden Prozeß der Aneignung hat auch die Frage der Entmythologisierung ihre wohlbegründete Stelle. Freilich bedeutet Entmythologisieren nun nicht mehr den Mythos vernichten, um den existentialen Kern rein herauszuschälen und in seiner unseren Zeiten wohlschmeckenden oder auch bitteren Süße zu genießen, sondern es bedeutet, den Mythos als die Art zu begreifen, in der Gott sich offenbart, und was leere und überwundene Schale zu sein scheint, als ein Zeichen der Geschichtlichkeit jener eschatologischen Gottesoffenbarung verstehen, durch die »das Wort Fleisch geworden ist«. Und das gilt nicht nur von der sogenannten Mitte des Heilsgeschehens in Christus, sondern gilt auch von dem sogenannten mythischen Weltbild, d.h. von der äußeren Peripherie. Denn an der Dreigliederung von Himmel, Erde und Hölle hängt auch das Bekenntnis: »Vater unser, der du bist im Himmel.«

Sie werden mir alsbald einwenden, daß damit sozusagen jede Aussage des NTs zu einem Teil der unveränderlichen Weisheit des Evangeliums gleichsam kanonisiert werde und auch das Irrtümliche und im Denken längst Überholte den Glanz unverbrüchlicher Geltung empfange. Und würde das nicht bedeuten, daß die Offenbarung Gottes, weil sie sich sozusagen nur in sich selbst bewegt, von aller Wahrheit des heutigen Denkens sich abschließt und eine Kluft aufreißt, die um so weniger zu überbrücken ist, je länger sie dauert? Man würde, wollte man also folgern, kaum stärker den Prozeß jenes Wandels der christlichen Offenbarung durch die Geschichte mißverstehen; denn er ist ja nur deshalb möglich, weil diese Offenbarung gleichsam in das Element des Denkens jeder Zeit eingeht und aus dieser Verschmelzung die Möglichkeit gläubiger Aneignung erst erwächst. Aber hier greift ein weiteres Problem in diesen Zusammenhang ein. Bultmann hat die Aufgabe der »Entmythologisierung« nicht nur der neutestamentlichen Verkündung, sondern auch der Theologie zugeteilt, und wie wichtig ihm diese Aufgabe ist, geht daraus hervor, daß er sich des Langen und Breiten mit dem Thema einer profanen Existentialphilosophie auseinandersetzt.

Was aber bedeutet auf dem Boden einer wissenschaftlichen Theologie das Problem der Entmythologisierung? Eine Theologie des NTs hat keine andere Aufgabe als die Sache, von der das NT handelt, in dem Gefüge ihrer systematischen Beziehungen und der Vielfalt ihrer geschichtlichen Bedingungen in methodisch geläuterten Begriffen darzulegen. Ihr genügt also nicht, von dieser Sache historisch zu erzählen oder diese Sache unhistorisch zu stabilisieren, gleichsam in einem zeitlosen Lehrbegriff, sondern erst die Darstellung ist ihr angemessen, welche nicht nur auf die Frage antwortet, wie es eigentlich gewesen ist, sondern auch auf die andere, welches dieses »Es« ist, das da »eigentlich« gewesen ist. Nun ist die Sache des NTs, mit welchem Begriff man sie auch benenne – darin hat Bultmann recht –, zweifellos mythisch, bestimmt; indem wir sie so charakterisieren, ist schon ein Schritt geschehen – ein wissenschaftlich begründeter, aber nicht ein gläubig gesetzter –, um die Sache selbst zu bestimmen. Sie ist in der Art erkannt, in der sie sich mit den Urkunden und Gehalten anderer Religionen verbindet und eben darin in der Besonderheit gerade ihres Mythos unterscheidet. Aber die Sprache des Mythos ist nicht die der Wissenschaft; dort gilt das Bild, das Gleichnis, und die Wirklichkeit eines göttlich-menschlichen Geschehens, hier der Begriff und die Wahrheit geschichtlicher Tatsachen. Entmythologisieren heißt deshalb hier die Sache des NTs aus der Sprache des Mythos in die der Wissenschaft umsetzen; diese Aufgabe ist möglich, so gewiß es nur eine Wahrheit gibt, die gleichsam in beiderlei Sprachen gemeint ist, und sie ist notwendig, so gewiß in der Sache des NTs erkennbare Wahrheit ist. Denn weder kannte der Mythos eine Grenze, die seiner Geltung gesetzt wäre, noch kennt sie der wissenschaftliche Begriff; alles vermögen beide grundsätzlich in ihren Bereich zu ziehen, und auch wo ein Unbegreifliches geschieht, bleibt es auf den Gedanken des Begreifens bezogen, und noch der alltäglichste Vorgang ist fähig, einer mythischen Offenbarung zum Gefäß zu werden. Man denke etwa an das berühmte Wort des 4. Evangeliums: »Und es war Nacht.« Indes dieses Entmythologisieren bedeutet nicht, mythische Sachverhalte als unvereinbar mit dem heutigen Denken beseitigen, sondern ihren bleibenden Wahrheitsgehalt befestigen und ihren mythischen Ausdruck in der Besonderheit seiner geschichtlichen Art erkennen. Es ist das gleiche Geschäft, das die wissenschaftliche Interpretation jedem historisch gegebenen Sachverhalt gegenüber übt, – ein Geschäft, das in jeder Generation neu geübt werden muß und die unerschöpfliche Lebendigkeit und Fruchtbarkeit des Überlieferten bekundet.

Zwei Fragen können sich hier erheben: die erste betrifft den wissenschaftlichen Begriff. Vermag er wirklich, wie es dort vorausgesetzt ist, die ganze Fülle der religiösen Wahrheit zu erfassen und zu bestimmen? Wir hören so viel, gerade auch im NT von der Unerschöpflichkeit und Unerforschlichkeit der religiösen oder mythischen Offenbarung, versagt also nicht vor ihrem Reichtum der Versuch, ihn mit immer doch menschlichen Begriffen zu begreifen? Es ist das bekannte Problem der sog. negativen Theologie, das sich hier anmeldet und das wir hier nur in Kürze streifen können. Denn es würde eine sehr grundsätzliche und sehr methodische Besinnung erfordern über die Natur des religiösen Gegenstandes und sein Verhältnis zu anderen Gegenstandsbereichen. Sofern sich alle unter den Begriff der einen Wahrheit einordnen, sofern eben diese Wahrheit das Ziel und die Aufgabe des wissenschaftlichen Begreifens ist, insofern ist auch der Begriff mächtig, die Wahrheit in allem religiös Gegebenen zu erfassen. Er erfaßt sie in der ihm gemäßen Weise, d.h. er untersucht ihre Möglichkeit und Notwendigkeit in strengem Sinne und überläßt es dem Glauben, diese Möglichkeit als die letzte Wirklichkeit handelnd zu bejahen. So bleibt dem Glauben die Freiheit seiner Tat, dem Begreifen aber die Notwendigkeit seiner Begründung. Mit anderen Worten: Der Gedanke einer geschichtlichen oder auch mythischen Offenbarung verlangt eine doppelte Weise der Erfassung; sofern sie geschichtlich gegeben ist, ordnet sie sich ein in die Ordnung des erkennbaren geschichtlichen Gegenstandes – und es ist gerade ein Grundsatz und eine Grundtatsache des NTs, daß Gott sich am Ende der Geschichte in seinem Sohn ganz und völlig offenbart habe – und sofern sie Offenbarung ist, fordert sie das bejahende gläubige Handeln, – und hier hat dann auch die Rede von der Unerforschlichkeit der Offenbarung ihren wohlbegründeten Sinn. Es ist also in der Art des religiösen Gegenstandes begründet, daß er sich ganz dem Denken hingibt und eben darin alles Denken übersteigt. Die zweite Frage ist die, ob die Umsetzung des Mythos in die Sprache des Begriffs gerade zur existentialen Interpretation führt. Versteht man das Wort recht, so ist gegen den Begriff dieser Existenz – unter den Vorbehalten, von denen ich früher gesprochen habe, – nichts einzuwenden; es meint den Begriff des Menschen, der in Gericht und Gnade vor Gott steht. Das NT weiß wohl noch von manchem anderen zu sagen, was über diesen Gedanken einer menschlich-gläubigen Existenz hinausführt, es spricht von dem Reiche Gottes, spricht von der Welt, ihrem Vergehen und ihrem Werden, aber in alledem bleibt auch die Beziehung auf die gläubige Existenz offenbar. Aber ein anderes ist es, diesen Gedanken einer gläubigen Existenz im Sinne dieser Existentialphilosophie zu interpretieren. Mit der Philosophie hat diese Interpretation nur so viel gemein – dies freilich unabdinglich und unveräußerlich – als sie den Ort bestimmt, da der religiöse Gegenstand in ihrem System wohnt, und damit die Begriffe darreicht, diesen Gegenstand wie den jeder anderen Wissenschaft zu bestimmen. Ihre Funktion ist also methodischer oder logischer Art, und mit ihr umfaßt sie auch das Gefüge der Theologie wie etwa das der Naturwissenschaft. Aber innerhalb des Bereiches, den der Gegenstand der Theologie umgrenzt, hat sie ebensowenig Recht mitzusprechen wie im Bereiche der Physik, und es ist dabei gleich, ob es sich um eine existentielle oder naturalistische, um eine idealistische oder um eine materialistische Philosophie handelt. Wohl mag es sein, daß die Existentialphilosophie zu ähnlichen Aussagen kommt wie die christliche Theologie, aber dann tut sie es nicht, weil sie Philosophie ist, sondern weil sie ihre Thesen aus anderen Bezirken nimmt, die nicht ihres Reiches und ihrer Art sind oder sie dogmatisch setzt. Gewiß ist es auch dann eine theologische Aufgabe, genauer gesprochen eine apologetische, das ursprüngliche Recht der eigenen Setzungen zu begründen und das erschlichene Recht der fremden nachzuweisen, gewiß spielt in diese Aufgabe auch die Frage der Entmythologisierung, sofern sie den ursprünglichen Gehalt an Wahrheit aufzeigt, den die neutestamentliche Sprache des Mythos ebenso verhüllt wie offenbart, aber diese Aufgabe gehört in den größeren Kreis hinein, in dem sich die Auseinandersetzung zwischen christlichem Glauben und einer sog. neuen Weltanschauung vollzieht. Mir will scheinen – aber das ist nur meine persönliche, hier nicht weiter zu begründende Meinung –, als ob die Existentialphilosophie nichts als eine säkularisierte christliche Theologie sei, säkularisiert insofern, als sie unzulässig von dem Gedanken und der Tatsache der gläubigen Setzung abstrahiert, der allen theologischen Aussagen das Gewicht einer »existentiellen« Wirklichkeit gibt.

III.

So scheint sich denn die Frage der Entmythologisierung gleichsam auf zwei Räume zu verteilen. Freilich ist es besser, nicht von zwei gleichsam geschiedenen Räumen zu sprechen, sondern von zwei zusammengehörigen Betrachtungsweisen; denn beide gelten dem gleichen Gegenstand und werden durch ihn gefordert. Gott fordert den Glauben – ein fast tautologischer Satz, aber er schließt in sich die Forderung einer gläubigen Theologie, d.h. einer Theologie, die auf Grund der gläubigen Setzung deren Gehalt in ein gläubiges Wissen erhebt und zu einem System theologischer Aussagen entfaltet. Es gibt kein Wort des Glaubens und deshalb auch kein Wort der im Glauben geschehenen Offenbarung, das nicht danach drängt, in einer gläubigen Theologie seine legitime Stelle zu finden, auch der Ruf des stammelnden Gebetes, auch das wortlose Beten ist seinem Kern nach eine theologische Aussage oder ein theologischer Gedanke. Nur der Grad der Bewußtheit und das Maß seiner Äußerung in Wort und Gedanke unterscheiden beide voneinander. Aber indem der Glaube sich also entfaltet, folgt er den Kategorien wissenschaftlichen Denkens, richtet sich nach den Regeln von Urteil und Schluß; und da handelt es sich nicht nur um ein äußeres System von Begriffen, das den Gegenstand theologischer Aussagen gleichsam einfinge, sondern es handelt sich um die Sache selbst, um die Art des Begriffs, wie sie dem Gegenstand des Glaubens gemäß ist. So hat also die gläubige Theologie ein wissenschaftlich begründetes System von theologischen Begriffen und Aussagen zur Voraussetzung; und wie könnte es anders sein, da jedes Urteil des Glaubens eben Urteil ist, eingeordnet also in ein System von Urteilen, welches den Zusammenhang des wissenschaftlichen Denkens repräsentiert? Aber wie die gläubige Theologie das wissenschaftliche theologische Denken fordert, so fordert dieses auch die Setzung einer gläubigen Theologie. Denn seine Aufgabe ist es, die Möglichkeit und Notwendigkeit der gläubigen Setzung nachzuweisen; und diese Aufgabe ist legitim, so gewiß der Gegenstand des Glaubens, gerade wenn er alle möglichen Gegenstände begründet, religiös gesprochen, wenn er sie schafft, eben des Glaubens, eines menschlichen Handelns unmittelbarer und einziger Gegenstand bleibt. Und es entwickelt sich diese Aufgabe nicht nur systematisch in der Gegenwart, sondern historisch in aller Vergangenheit. So fordern sich also diese beiden verschiedenen Arten der Theologie gegenseitig, und man kann ihr Verhältnis zueinander nicht schärfer und treffender charakterisieren als in Abwandelung des bekannten Kantischen Wortes: Alle wissenschaftliche Theologie ohne gläubige Theologie ist leer, alle gläubige Theologie ohne wissenschaftliche Theologie ist blind. Wenn nun beiden Betrachtungsweisen die Aufgabe der Entmythologisierung gestellt ist, was bedeutet sie in unserem Zusammenhang? Wir haben gesehen, daß Entmythologisieren eine legitime Aufgabe der wissenschaftlichen

Interpretation des Neuen Testaments ist, freilich nicht, sofern es sich um einen Mythos handelt, sondern sofern dieser Mythos historisch gegeben ist. In dieser Beziehung unterscheidet sich also die Interpretation des Mythos in nichts von der eines sonstigen Glaubenssatzes, eines Gesprächs, einer Lehre, eines Gebetes. Immer ist es dabei das Ziel der Interpretation, den bleibenden Wahrheitsgehalt und die Art und Notwendigkeit seiner historischen Äußerung zu erfassen. Wie an dem Tage, der ihn schuf, gilt es den Mythos aus seinen sachlichen und geschichtlichen Möglichkeiten neu zu schaffen und ihn zugleich in seiner Form und seinem Gehalt neu zu bestimmen, abzuschaffen was aus erstorbenen Möglichkeiten entstand, und umzuschaffen, was aus bleibenden und gebliebenen Möglichkeiten wahr und lebendig ist. Sie lehrt dabei auch erkennen, wie Mythos und Geschichte oft genug nicht Gegensätze, sondern die verschiedenen Seiten eines und desselben Sachverhaltes sind. Denken Sie etwa an die Berufung des Mose am Sinai, an den Bundesschluß auf dem Sinai, an Tod und Auferstehung Jesu. Sie lehrt die Fragwürdigkeit des Mythischen wie des Geschichtlichen, man kann wohl auch sagen, der Geschichte des Heiles und der der Welt, der Offenbarung und der Völker, lehrt ihre Verbundenheit und ihre Gegensätzlichkeit, und lehrt darin auch, daß beide immer neuer Fragen würdig sind. Aber in allem diesen Tun, das oft nur unvollkommen bleibt, aus Gründen des Erkennenden und des Erkannten, bleibt sie bei der schlichten Gegebenheit des Textes und des darin Gesagten stehen, ihre Aufgabe ist ein Gedenken und Nachdenken, aber sie macht es niemals zu dem Grundsatz, der ihr Tun bestimmt, und zu der Wirklichkeit, mit der sie steht und fällt. Ihre Forderung ist – wir müssen das viel mißbrauchte Wort hier anwenden – Sachlichkeit, genaue Gegenständlichkeit; in ihrer von dem Erkennenden abgelösten Geltung hat sie sich, wenn sie sie erreicht, rein erfüllt. Anders liegt das Problem der Entmythologisierung bei der gläubigen Interpretation. Es gehört zum Wesen des protestantischen Glaubens und der protestantischen Theologie, daß sie nirgends sich eine Provinz vorbehält, in der sie unberührt von allen Regungen und Bewegungen ihres eigenen Gehaltes genösse. Es ist ihre Schwäche, die sie oft allzusehr den Strömungen der Zeit preisgegeben hat, – aber es ist auch ihre Stärke, aus der sie verbunden mit allem die unendliche Freiheit ihres eigenen Glaubens, seine Gottgesetztheit im Hier und Jetzt, dankbar und bewundernd gewahrt. Sie kann darum der Forderung der Entmythologisierung nicht grundsätzlich sich verschließen, wie es etwa ein katholischer Glaube tun könnte und tat; ihr ist es darum auch eigen, allen wissenschaftlichen Richtungen sich nahe zu verbinden und von allen Bäumen weltlicher Erkenntnis Früchte zu pflücken. So kann sie sich auch der Aufgabe der Entmythologisierung nicht verschließen, und da sie innerhalb der wissenschaftlichen Theologie genuin ist, wird sie ihr auch zum eigenen Problem. Aber diese Aufgabe steht ihr jetzt unter anderem Vorzeichen. Nicht um an dem Mythos Kritik zu üben, auch nicht um zu eliminieren, stellt sie sich unter diesen Ruf der Entmythologisierung, sondern um durch ihn die Reinheit und Gottgemäßheit ihrer eigenen Offenbarung und gläubigen Setzung um so reiner zu erfahren. Der Mythos kann zu dem festesten Grund ihrer eigenen Haltung werden, an dem ihr das Wunder des Glaubens widerfährt, er kann auch zu dem Anstoß werden, den sie zu überwinden hat, um sich klarer und reiner zu erfassen. Aber das gilt nicht von dem Mythos allein, sondern, wie wir sahen, von jedem Satz des Neuen Testaments. Erst in diesem Drang, alles und sich selbst zu bezweifeln, erfährt sie die überwindende Stärke ihrer gottgesetzten Art. An dem Zweifel den festesten Grund zu finden, im Glauben auch noch die Anfechtung zu tragen, gehört zu ihrem Wesen; so ihre Stärke und Schwäche bekennend, weiß sie, daß Gottes Handeln an ihr größer ist als der Mythos, so daß es reiner zu fassen ist, wenn man die mythologische Hülle bis auf den Kern durchdringt, und weiß darum auch, daß es Gott gefallen hat, eben in dem Mythos sich zu offenbaren. Wir tragen auch diesen Schatz in irdischen Gefäßen — nicht nur weil wir irdisch sind, sondern weil Gott ihn in diese Gefäße gefüllt hat. Uns ist es nicht gegeben, ja uns ist es genommen, diese Gefäße zu zerbrechen, aber uns ist es auch aufgegeben zu erkennen, daß diese Gefäße irdisch sind. Je reiner und klarer wir uns so der Aufgabe der Entmythologisierung hingeben, um so reiner bewahren wir auch den Schatz, den uns Gott gegeben hat.

GUDRUN OTTO, GEB. LOHMEYER

*Erinnerung an den Vater**

Sähe mich mein Vater hier stehen, so wäre er sicher verwundert, daß ich aus offiziellem Anlaß von ihm rede. Entsprach doch unsere Beziehung zueinander so gar keinen großen Worten, lauten Tönen oder irgendeiner Art von Programm. Im Gegenteil, gerade im »sprachunnotwendigen« Zusammensein, was so oft Vätern mit kleinen Töchtern eigen ist, bestand unsere Vertrautheit. Alles von außen Kommende — Aufträge, Forderungen, vermeintliche pädagogische Notwendigkeiten — hielten wir uns fern. — Jedenfalls empfand ich das so, und es muß wohl bei ihm ähnlich gewesen sein, denn er umging seinerseits alle Störungen, die diese Selbstverständlichkeit der lauteren Zusammengehörigkeit hätten beeinträchtigen können. Für den ständig Arbeitenden waren das Momente totaler Entspannung, die er in der zweckfreien Beschäftigung mit mir am ehesten fand.

Als ich elf Jahre alt war, schob ich ihm mein neues Poesie-Album zu. Ich konnte mir so gar nicht vorstellen, was er mir hinein hätte schreiben können, hatten doch alle Sprüche, die ich kannte, anscheinend nur den Sinn, mich auf Tugend, Frömmigkeit und Fleiß hinweisen zu sollen. Mein Vater nahm das Buch an; und dann schrieb er etwas hinein, was mich hell entzückte, das Wort Augustins:

Ama et fac quod vis — Habe Liebe und tue, was du willst.

* Vortrag gehalten zur Namensgebung des Ernst-Lohmeyer-Hauses, Herford, Stift Berg, am 16. September 1984. Revidiert für den Druck im Februar 1989.

Natürlich verstand ich den Satz nicht wirklich. Ich spürte aber doch, daß da etwas von großer Weite drin lag, aber irgendwie auch eine Begrenztheit, und daß es an mir lag, wie ich beides in Einklang bringen würde. – Wichtiger aber noch war mir, daß ich meinen Vater darin wiedererkannte, daß das Problem »Poesie-Album« gelöst war und daß sich kein fremder Ton in unser Miteinander eingeschlichen hatte. Später wurde mir klar, daß dieses ausgewählte »Ama et fac quod vis« gerade ihm entsprach. Gebundene Freiheit, danach lebte er – im Krieg, in der Bedrängnis der Nazizeit, nach 1945. Aber eben eine Freiheit, will man den Gedankengang weiter gehen, die nicht immer auf irdische Maße zugeschnitten ist.

Meine Erinnerungen sind klar und detailliert da, aber sie sind die eines kleinen Mädchens, als die Familie noch vor dem Kriege heil beieinander war. – Als er aus dem Zweiten Weltkrieg heimkehrte, war er gezeichnet, elend, fern und in sich gefangen. Ich selbst wurde in üblicher Weise kriegsverpflichtet, und die Zeit, die wir gemeinsam bis zu seinem gewaltsamen Ende hatten, war kurz, ernst und voller Bedrohungen, wenn auch für uns beide von der gleichen Harmonie wie ehedem in meiner Kinderzeit. Meine Mutter überlebte ihn um 25 Jahre. Ich würde heute nicht über ihn sprechen können, wenn nicht die vielen Gespräche über ihn und ihre unermüdlichen Nachforschungen um sein Ende mein früheres Kinderbild weiter und runder hätten werden lassen. Manches klärte sich in mir, und das, was ich als Kind noch nicht begreifen konnte, erschloß sich mir nach seinem Tod.

Nun soll dieses Haus seinen Namen tragen. Er wird zum Sohn der Stadt erhoben, deren Gymnasium er besuchte und wo er das Abitur machte. Es wird ihm quasi eine sicht- und hörbare Laudatio zuteil, zu der ich als seine Tochter beitragen soll, sie begreiflich zu machen. Es ist schon seltsam, daß es eine zweifache Ehrung ist. Sie gilt einmal dem Wissenschaftler, dessen Werk immer noch bedeutsam für die heutige Theologie ist, und zum anderen – wohl gerade hier in diesem Rahmen – fast noch mehr dem Menschen, dessen Schicksal zu dem derjenigen Männer und Frauen gehört, die in vergangener, schlimmer Zeit sich stark zeigten und denen zuweilen ein Erinnerungszeichen gesetzt wird. Sicher würde es ihm gut getan haben, zu wissen, daß man in seiner schulischen Heimatstadt in dieser Form seiner noch gedenkt, sind doch alle Spuren seiner örtlichen Wirkungsstätten – Breslau und Greifswald[1] – verweht.

Es ist unüblich geworden, seinen Vater zu bejahen. Es ist auch unüblich geworden, Dankbarkeit zu zeigen. Heute pflegt man, wenn man den Drang hat, sich in der Öffentlichkeit mit dem Vaterbild auseinanderzusetzen, abzurechnen. Bei mir ist das umgekehrt. Es kommt mir fast verwunderlich vor, daß ich einen Vater hatte, wie ich ihn mir nicht besser oder anders hätte vorstellen wollen. Vielleicht sind meine Erinnerungen besonders nachhaltig und klar, wie es jemandem geschehen kann, der nicht allmählich aus einem Freundeskreis herauswächst, sondern dessen Bindungen zu diesen Freunden ein jähes Ende finden.

Die Familie wurde auseinandergerissen, als er 1939 unmittelbar nach Kriegsbeginn als Reserveoffizier eingezogen wurde. Die älteren Brüder folgten, einer nach dem anderen, und man kam nie mehr vollständig zusammen. – Ich war die Jüngste, das einzige Mädchen und mit den Sonderrechten bedacht, die das Kleinste in der Familie wohl immer erfährt. Mein Vater tadelte mich nie, strafte schon gar nicht, half mir bei allem, wenn ich ihn darum bat, und meine Erinnerungen konzentrieren sich auf diese Augenblicke entspannten Zusammenseins, von denen ich schon sprach, in denen nicht der Ansatz eines Mißklanges zu spüren war. – Unzählige Stunden verbrachte ich auf seinem Schoß, was er langmütig nie verweigerte, sei es am Ende der mittäglichen Runde oder auch im häuslichen Studentenkreis. Wir spielten alle üblichen Kinderspiele allein oder mit den Brüdern zusammen. Das tat er nicht nur uns zuliebe, sondern es machte ihm selbst Spaß, so, wie er mit unseren schlesischen Bauern oft skatspielend zusammensaß. – Und dann war es das vierhändige Klavierspielen, das wir langsam begannen und das wir später so perfektionierten, daß wir uns ohne Skrupel an alles heranwagten, sicher nicht zum Vergnügen der Mithörenden. – Schularbeiten erledigte er sachlich und altersgemäß mit einem gewissen Vergnügen für mich, wenn die Zeit drängte, und er unterbrach dabei stets seine eigne Arbeit. Er hatte die naturhafte Gabe, sich auf schlichte Menschen einstellen zu können, ob es unsere schlesischen Bergbauern waren, in deren Hochtal wir unser Ferienhaus hatten, seine ihm unterstellten Soldaten während des Krieges oder eben meine Brüder und ich, als wir noch Kinder waren. Wie oft eilte er, von Geschrei alarmiert, in Breslau ins Kinderzimmer, wenn eins der Kindermädchen nicht mit uns fertig wurde, übernahm die Zeremonie des abendlichen Zubettgehens und stellte mit einer kleinen ablenkenden Gebärde schon mit dem Augenblick seines Erscheinens den Frieden wieder her. Dabei artete ein Zusammensein mit ihm nie in Kumpelhaftigkeit aus. Eine fein gezogene Linie wurde nicht überschritten und ein unmerkliches Taktgefühl für den anderen uns unbewußt zu eigen. Es mag sein, daß seine ausgleichende Toleranz, seine geistige Unabhängigkeit, die sich bei ihm auch in einer Unabhängigkeit allen äußeren Dingen gegenüber zeigte und mit einer völligen Anspruchslosigkeit gekoppelt war, uns mehr an Lebenspotential mitgegeben hat, als es eine traditionelle, minutiöse Erziehung hätte tun können. Sicherlich hatte daran auch einen hohen Anteil meine phantasievolle, künstlerische und warme Mutter.

Es ist merkwürdig, daß wir als Kinder von den Spannungszuständen, in denen er oft lebte, nichts merkten oder gar in der Reaktion uns gegenüber spürten. Erklärbar scheint es mir nur so zu sein, daß sich sein eigentliches Leben im rein Geistigen vollzog und das reale, zu dem wir gehörten, bei aller Liebe nicht den gleichen Stellenwert hatte. Der produktiv schöpferische Prozeß verlangte ihm so viel an Intensität ab und er identifizierte sich in einer Dichte damit, daß die gleiche Emotionsstärke nicht auch noch ins Leben selbst ausgegossen werden konnte. Das, was an uns vom Vater herangetragen wurde, konnte darum abgerundet sein. Das mindert nicht seine Vaterposition, zeigt aber den hohen Anspruch, den er ihr zumaß, wenn er sie in Frage stellte.

Folgende Eintragung fand ich in einem Tagebuch, geschrieben auf einer kleinen Donau-Reise im Frühjahr 1932. — Er sollte auf Drängen meiner Mutter nach der erschöpfenden Breslauer Rektoratszeit Abstand gewinnen. Er schreibt da und wendet sich wie immer an sie:

»Aber was bleibt für die Kinderlein? Ach, sie bedrücken mich fast mehr als Du; was habe ich für sie, was bin ich für sie? Und doch hängen sie an mir und ich genieße es wie dunkles Land, das unversehends und unverdient von Strahlen der Sonne geküßt wird.«

Er lebte aus dem Geist heraus und das in absolutem Anspruch. Da entfaltete er die Leidenschaft, glutvolle Wärme, die ihm im realen Leben mitzuteilen oft verwehrt war. Es wird so ersichtlich, daß er meiner Mutter, die aus einer warmen, erdgebundenen Mitte heraus lebte, sein ganzes Leben hindurch bedurfte. Es gab Zeiten, wo er ganz in wissenschaftlicher Arbeit gefangen war, erfüllt und keinen Mangel spürend; es gab auch Zeiten, wo er unter der Abgrenzung zum lebendigen Leben sehr litt und kurze, glückliche Strecken, wo das gesuchte »Gott ist harmonia universalis« voll zum Ausdruck kam. Zweifellos erklärt sich der ganze Ablauf seines Lebens aus dieser Sicht heraus. Diese Tagebucheintragung vom Frühjahr 1932 ist in dem trauernden Bewußtsein jenes geistigen Abgegrenztseins geschrieben, daß zu dieser Zeit durch die enge Freundschaft mit dem Philosophen Hönigswald, der konsequent diesen Weg ging, noch beeinflussend verstärkt wurde.

»Aber es gibt ja noch ein ganz großes Reich [*schreibt er weiter*], von dem ich kaum jemals in aller Schwere und aller Weite gewußt habe. Wie soll ich's nennen? Das Reich des Herzens, Fühlens, der leidenschaftlichen Bewegung. Dort bin ich für mich und habe doch alles in mir; dort bin ich nicht nur spiegelnde Flut, sondern auch glitzernd wärmender Strahl. Aus diesem Reich fließen die Ströme lebendigen Wassers. ... Sehe ich Städte und Berge und Flüsse, so werden sie mir erst lebendig, wenn ich darüber grübele; aber ich bin von ihrem Leben nicht umfangen, von ihrer Höhe nicht getragen, von ihrer Flut nicht umspielt. Immer ein wenig seitab von meinem Herzen, nie strömt in seiner Kraft der ganze Reichtum des lebendigen Geschehens und Daseins. Immer wandelt es nur auf dem leichten und schmalen Pfad des Denkens zu mir, und ich fasse nur so viel, wie dieser Pfad tragen kann.«

Eine kleine Schrift, die ich jüngst vom Leiter des hiesigen Friedrichs-Gymnasiums überreicht bekam, eben der alten Schule meines Vaters, zeigt schon dieses Vermögen des 17jährigen Schülers, sich so in literarisch historische Vorlagen versenken zu können, daß sie ihm lebendige Wirklichkeit wurden. — Es ist seine Abitursbewerbung vom Jahre 1907, aus der zu damaliger Zeit neben dem formalen Anliegen der geistige Standort des künftigen Abiturienten hervorgehen sollte. Nichts schien ihm lieber gewesen zu sein, als das, was ihn ohnehin bewegte, niederschreiben zu können; — und so geriet auch das eigentliche Anliegen, nämlich zum Abitur zugelassen zu werden, als merkwürdiges, kleines Schlußanhängsel in den Hintergrund. — Es sind die alten Griechen, die es ihm angetan haben, der Reichtum ihres Geistes — ganz im Gegensatz zu den nüchternden Römern —, und er besingt sie in schwärmerischer Verehrung:

»Das Griechentum hat mich immer aufs Höchste entzückt, denn dieses stellt ja eine überschwenglich reiche Blüte des Menschengeistes dar, und die Ursache davon ist, daß seine ganze Kultur auf künstlerischer Grundlage ruht, das freischöpferische Werk menschlicher Phantasie ist bei den Hellenen der Ausgangspunkt ihres so unendlich reichen Lebens. Darum ist uns von hellenischem

Boden jeder Zoll heilig... In Hellas ist jeder Stein belebt, individualisiert, die Naturstimme zum Bewußtsein ihrer selbst erwacht. Und die Männer, die dieses Wunder vollbracht, stehen vor uns, von den halb fabelhaften Zeiten des trojanischen Krieges an bis zur Herrschaft Roms: Helden, Herrscher, Krieger, Denker, Dichter, Bildner. Hier ward der Mensch geboren, fähig ein Christ zu sein.«

Ich spreche mit Vergnügen hier in dieser Stadt von dieser Jünglings-Arbeit, weil sich im Keim schon alles finden läßt, was sich später breit entfaltete. Die Beherrschung sprachlicher Mittel – auch im Griechischen – ist schon so groß, daß der Blick für geistige Zusammenhänge frei werden kann und ihm eine emotionale Identifizierung möglich macht. Wie liegt das auf einer Ebene mit der Tagebucheintragung des erwachsenen Mannes:

»Wenn ich schreibe, so kann ich in allen Höhen und Tiefen jauchzen und traurig sein!«

Meine Mutter lernte ihn im Frühjahr 1910 – noch 19jährig – bei einer studentischen Wanderung in Berlin kennen, und ihr erster Eindruck entspricht so ganz dem, den man sich auch von dem 17-Jährigen machen könnte.

»Mir erschien er als das Reinste und Klarste und Echteste, was mein Leben je berührt hatte. Sein fast kindliches Aussehen kontrastierte seltsam mit diesen ausdrucksvollen grünen Augen, die er vom Vater geerbt hatte, und mit der hohen denkerischen Stirn, die so viele Gedanken verriet. Ein geheimer Wille und eine geheime Leidenschaft stand hinter diesen Zügen. Doch war mir das damals nicht klar, der sanfte Zauber seines Wesens, seine vermeintliche Ausgeglichenheit, seine Zartheit der Gesinnung, seine Ritterlichkeit waren weit größer, überwogen und ließen keine Rätsel zu.«

Aus dieser Begegnung ergab sich aus derselben Haltung heraus mit der vier Jahre älteren angehenden Altistin für Jahre eine geistige, idealisierte Freundschaft, die erst durch die akute körperliche Lebensbedrohung des Ersten Weltkrieges konkretisiert wurde und zu einer intensiven, wenn auch immer hochkomplizierten Ehe führte.

Die Nahtstelle, wenn man eine solche sehen will, zwischen geistigem Erleben und natürlich gelebtem Leben durchlässig zu machen, das war ihm nicht mit Selbstverständlichkeit gegeben. Zeitweise öffnete sie sich organisch, und das eine hatte am anderen teil; zu anderen Zeiten, besonders im zunehmenden Alter, auch als Folge der vielen schweren Erlebnisse, die er durchstehen mußte, verdichtete sie sich und schloß sich stellenweise ganz.

Bereitschaft und Möglichkeit mit allen Sinnen – eben nicht nur intellektuell – an abstrakt geistigen Vorgängen teilzunehmen, ja, daran sich zu ergötzen, das fällt schon bei dem angehenden Abiturienten auf. Noch etwas wird augenfällig und für den späteren Forscher wesentlich, wenn er Geschichte als sinnvolles Geschehen auffaßt, eine Art Selbstrealisierung des Geistes. – Er schlägt vom alten Hellas, das er als historische Geburtsstätte menschlichen Geistes ansieht, die Brücke zum Urchristentum als notwendig beseelte Folgerung. In seiner Arbeit als Theologe setzt er immer wieder bei der Urgemeinde an, und es gilt auch heute noch als Verlust, selbst bei Veränderungen von Methoden und Gesichtspunkten, der Auswertung und den sich daraus ergebenden Erkenntnissen realer Funde, daß er zu einer Gesamtdarstellung des Urchristentums nicht mehr gekommen ist. Noch ein Letztes will ich im Zusammenhang mit dieser Schülerarbeit zeigen, das ist sein Fleiß. Fleiß, der nicht um seiner selbst willen da ist, sondern immer dort auftaucht, wo Interesse und Erlernen-wollen Hand in Hand gehen. Ich zitiere wieder und wüßte nicht, wo ich Vergleichbares – so naiv ausgedrückt – in einer offiziellen, schulischen Arbeit gefunden hätte:

»Als ich kaum sechs Jahre alt war, begann mein Vater, mich in den Anfangsgründen zu unterrichten, und mit unbeschreiblichem Vergnügen lernte ich Lesen, Schreiben, Rechnen.«

Dieser Fleiß, der in seinen jungen Jahren wohl meist mit »unbeschreiblichem Vergnügen« verbunden war, wurde ihm später Gewohnheit und Forderung zugleich, und seine Arbeitskapazität wuchs in dem Maße, wie er selbst im Zwang des Produzierens stand. In der Erinnerung sehe ich meinen Vater nur am Schreibtisch sitzen. Mir ist seine Handhaltung beim Schreiben gegenwärtig, ich sehe die weiche Rundung seines Zeigefingers, mit dem er den grünschwarzen Füllfederhalter mit der Goldfeder hielt und den er ein Leben lang besaß. Wie er den Kopf hob, mich freundlich fragend ansah, wenn ich die Tür öffnete, auf mein Anliegen einging, um dann wieder genau an der Stelle weiter zu schreiben, so, als hätte ich ihn gar nicht unterbrochen.

Unser schlesisches Berghaus konnte sich bis unters Dach mit Freunden anfüllen, zu denen ein steter uns allen vertrauter Schülerkreis gehörte – der Garten, immer wieder sich selbst überlassen, erforderte seine volle körperliche Kraft, er tat das gern, etwas Bäurisches seiner Ahnen brach sich da Bahn – ich erinnere mich auch da nicht, daß er nicht wenigstens ein sich selbst gesetztes Tagespensum eingehalten hätte. Ob Ferien oder Semester, Wochen- oder Feiertag, Stadt oder Land, es verging kein Tag ohne wissenschaftliche Arbeit. Es läßt sich schwer vorstellen, besonders für die jungen Menschen unter uns, was es für ihn bedeutet haben muß, fast neun Jahre in seinem Leben Soldat gewesen zu sein. Er gehört zu der Generation, in deren Mannesalter zwei Weltkriege fielen.

Fällt schon in der Schule eine seltene Begabungsvielfalt auf, sprachlich, mathematisch, künstlerisch, so erscheint das breit angelegte Studium des jungen Studenten enorm. Eine Verzettelung findet nicht statt. Alle Anreicherungen fließen in ihm zu einem homogenen Ganzen zusammen. Das, was ihn als Schüler bei den alten Griechen so fasziniert hatte, das war ihm ja wesenseigen und konnte nun gedeihen, weil er alle Anlagen dafür in sich trug. – So haben kunsthistorische, musikwissenschaftliche und theoretische Interessen zunächst fast denselben Stellenwert, wie sein eigentliches theologisch-philosophisches Studium und finden gerade bei Vater Lohmeyer, der den Werdegang seines Sohnes genau verfolgt, volles Verständnis.

»Mich freut [*schreibt er dem 18-Jährigen*], daß Du besonders für Deine musikalischen Neigungen ein Feld der Tätigkeit gefunden hast, und wenn der Musikdirektor ein tüchtiger Mann ist, so fördert er Dich ja in Deinen Bestrebungen. Vielleicht kannst Du dann auch einige Meisterstunden nehmen, um den feinen Schliff im Bogenstriche zu bekommen.«

Wie in so vielen Pfarrhäusern lebte man auch bei den Lohmeyers in Vlotho a.d. Weser der Musik. Großmutter Marie spielte gewandt Klavier, der Vater saß gern improvisierend in seinem Studierzimmer am Harmonium, jedem Kind wurde ein Instrument zugedacht, und sonntägliches Musizieren gehörte zum Wochenendprogramm. Meinem Vater selbst, dem hochmusikalischen, war Musik sein Leben hindurch notwendig, ob selbst ausübend oder hörend, und auch wir, seine Kinder, sind darin herangewachsen.

Die Interessenfelder während des Studiums wechseln nun nach Angebot und notwendiger Ökonomie. Die Theologie, und zwar mit ihrem philosophischen Umfeld steht wie ein sich ständig verbreiternder Strom im Mittelpunkt. Ist es anfangs die Kunst, später die Altphilologie – Assyrisch, Babylonisch, Aramäisch –, so befindet er sich konzentriert gegen Ende seiner Studienzeit wieder inmitten der Theologie. Mit 22 Jahren hat er alle theologischen Examina hinter sich gebracht. Er ist ein kindlich aussehender, gelehrter, durch vieles Arbeiten zart gewordener, jünglingshafter Lizentiat geworden, im studentischen Freundeskreis gern Frater Ernestus genannt.

Der einjährige Militärdienst ist in Folge abzuleisten, und dieser mündet in den Ersten Weltkrieg. Er steht die ganze Zeit über im Westen, Süden, Osten in vorderster Front. Aus einem Jahr Militär werden fünf, bis er 1918 unversehrt heimkehren kann. Noch in demselben Herbst, genau 14 Tage nach seiner Rückkehr, hält er in Heidelberg seine Antrittsvorlesung als Neutestamentler. Er hatte in der Zwischenzeit – in Urlauben – in der Philosophie promoviert, in der Theologie sich habilitiert, und der 28-Jährige beginnt mit seiner wissenschaftlichen Laufbahn so, als habe es in Hinblick auf seine Ausbildung keinen Krieg gegeben. Mir ist das immer wieder schwer begreiflich, und ich kann mir das nur so erklären, daß er in den Vorkriegsjahren mit der ihm eignen Konzentrationsfähigkeit, schnellen Auffassungsgabe und Merkfähigkeit so angehäuft mit Wissen war, daß er nun, es auswertend, aus einem tiefen Reservoir schöpfen konnte. Ich weiß es von seiner Arbeit im Feld aus dem Zweiten Weltkrieg, daß er kaum oder gar nicht Sekundärliteratur brauchte. Er hatte stets in seinem Soldatenrock sein kleines griechisches Neues Testament zur Hand, war von örtlichen Bedingungen unabhängig und arbeitete unter jeglichen Umständen, wenn es die Situation zuließ.

Die Härten des Krieges, das lange Soldatenleben hatten ihn männlicher werden lassen und seine von Natur aus vorhandenen praktischen Fähigkeiten und seinen Sinn für reale Gegebenheiten ausgebildet, was ihm später bei der verwaltenden Universitätsarbeit zustatten kam. In seiner Grundkonzeption hatte sich nichts verändert. Mit einem ungeheuren Nachholbedarf, wie es gerade bei geistig arbeitenden Menschen nach Zeiten der Abstinenz häufig anzutreffen ist, stürzt er sich auf seine Arbeit, und ein gewaltiger Produktionsprozeß erfolgt. Die nächsten 15 Jahre werden seine fruchtbarsten. 30jährig folgt er einem Ruf nach Breslau, ein ungemein jugendlich aussehender Professor, der anfangs von den Studenten oft als einer der ihren angesehen wird. Zehn Jahre später wird er Rektor dieser Universität, und damit bereitet sich der Kulminationspunkt vor. So folgerichtig seine Karriere begann, so abrupt endet sie. International und örtlich wird er den Nationalsozialisten ein unliebsames Hindernis, und man bestraft ihn mit Verweisung vom Ort.

Sie haben zum großen Teil Ausschnitte meines Aufsatzes im »Deutschen Pfarrerblatt« vom August 1981 im hiesigen Gemeindebrief dieses Sommers in den Händen, wo ich von dieser Breslauer Zeit inmitten jüdischer und nicht jüdischer hochrangiger Wissenschaftler spreche, die zu der schönsten und geistig fruchtbarsten in seinem Leben gehörte. Daß er lange vor 1933 erkannte, in welcher Richtung die evangelische Kirche im Begriff war, sich zu bewegen, und er da schon warnend, versuchte dem entgegenzuwirken, zeigt ein »Offner Brief«, den er 1931 als Replik auf einen abgelehnten Aufsatz über ein urchristliches Thema in der »Zeitschrift für Neutestamentliche Wissenschaft« schrieb. Nicht die Ablehnung als solche, sondern deren Begründung forderte ihn heraus, weil sie die Tendenz der Verengung und Abgrenzung gegenüber dem Ausland innerhalb der theologischen Wissenschaft anzeigte. — Es geht da generell um die Einigkeit in der Anwendung historischer Methoden bei der Untersuchung eines Problems, die der Herausgeber anstrebt und die in der Arbeit meines Vaters nicht den gewünschten Vorstellungen entspricht. Mein Vater versucht nun aus der Geschichte heraus zu beweisen, daß gerade die Vielzahl angewandter Methoden und das Ringen um die letzten Grundsätze historischer Methoden wissenschaftliche Arbeit erst fruchtbar werden lassen. Und dann schreibt er:

»Wenn Sie ... dieses Recht [*nämlich Einigkeit in den letzten Grundsätzen historischer Methode*] beanspruchen, dann ist die ZNW nicht mehr, was sie seit ihrem Beginne war, die Stätte, da sich die Historiker des Urchristentums auseinandersetzten, alle verschieden in der Methode, alle einig in dem Mühen um Probleme, dann ist sie Ihre, Herrn Lietzmanns Zeitschrift geworden, und diejenigen [*ich kürze*], die Ihre Meinung teilen, haben ein Vereinsblatt gefunden. ... Sie sagen, daß Sie solche Aufsätze [*wie den seinen*] nicht ohne kritische Bemerkung der Öffentlichkeit vorsetzen könnten. So müßte ich Sie eigentlich fragen, wer diese Öffentlichkeit denn ist und wem Sie Ihr Wächteramt verdanken? Denn wir sind alle, sofern wir der Sache verantwortlich bleiben, beides zugleich, Wächter und Öffentlichkeit, und es besteht hier kein Ansehen der Person.«

Was meinen Vater noch stärker herausforderte, war die Begründung, daß diese Studie im Ausland den Eindruck erwecken könnte, sie sei »der legitime Ausdruck moderner deutscher Theologie«.

»Von der mir sehr bedenklichen Scheidung zwischen ausländischer und deutscher Theologie will ich hier nicht reden; sie hat mir nur den Anlaß gegeben, den von Ihnen abgelehnten Aufsatz eben in einer ausländischen Zeitschrift zu veröffentlichen. Aber wollen Sie wirklich zwischen Legitimen und Illegitimen scheiden und richten? Wollen Sie wie in der Schule als praeceptor theologiae germanicae Forschern vorschreiben, was an ihren Arbeiten legitim ist?«

Und er fordert in scharfer Form künftig wieder »den alten Geist wissenschaftlicher Klarheit und Sachlichkeit« und nicht ein »willkürliches und despotisches Dogma« herrschen zu lassen.

Dieser »Offne Brief« wurde im Januar 1932 in den Theologischen Blättern« gedruckt, ein Jahr vor der offiziellen Machtübernahme. Inzwischen hatte nicht nur in der theologischen Wissenschaft, sondern in der ganzen evangelischen Kirche ein Umdenkungsprozeß stattgefunden — wir wissen das alles —, und meinem Vater bleibt nur noch, wie in den heute oft zitierten und besonders markanten Briefen, im Sommer 1933 an Martin Buber geschrieben, seine Scham über diese Wandlung auszudrücken und aus dem Geist der tiefen Verbundenheit von Juden und Christen Solidarität zu bezeugen. Hatte ihn schon die nationale Dogmatisierung in der theologischen Wissenschaft erschreckt, so ist er nun aufs Äußerste erregt, wenn er schreibt:

»Und noch bitterer ist es, daß wenn die Diffamierung [*der Juden*] politisch und sozial durchgeführt wird, daß dann kein Theologe und keine Kirche nach dem Beispiel ihres Meisters zu den

Verfemten spricht: ‚Mein Bruder bist Du', sondern von ihnen fordert statt zu helfen.«

Das letztlich auslösende Moment für seine Strafversetzung war dann auch persönliche Hilfe und Schutz, die er einem jüdischen Kollegen während dessen Vorlesungen in seiner Eigenschaft als vertretender Prorektor gewährt hatte.

In Greifswald findet er sich 1935 wieder, einer abseitig gelegenen, politisch stillen Universität. Er kann sich glücklich schätzen, davon gekommen zu sein. Er sitzt nur noch am Schreibtisch, findet dort Beruhigung, doch die Jahre sind bemessen. Ein neuer Krieg beginnt, und er muß wieder fort. — Diesmal, im Gegensatz zur allgemeinen vaterländischen Begeisterung von 1914, resigniert und ohne Hoffnung für die Zukunft.

Wieder vergehen fast vier Jahre. Der älteste Sohn fällt, der zweite wird durch Kopfschuß schwer verwundet, er selbst kehrt krank, weißhaarig und gealtert im Bewußtsein völliger Ausweglosigkeit heim. An seinen Freund und Kollegen Friedrichsen, damals Neutestamentler in Uppsala, schreibt er im Oktober 43:

»Schwerer [*als die Sorge um die eigenen Kinder*] ist noch, daß man in dies fürchterliche Chaos von Grauen und Schuld mit verflochten ist, gewiß als ein Unschuldiger, mancher wohl auch als einer, der mit allen Kräften draußen und drinnen versucht hat, einen geringen Teil solcher Schuld wieder gut zu machen — aber die Verflechtung bleibt.«

Die letzte Sprosse der Leiter kennen Sie. Nach verlorenem Krieg und Umbruch soll der Universitätsbetrieb sofort wieder in Gang gebracht werden. Es ist keiner da, der es machen könnte. Mein Vater scheint prädestiniert dafür. Doch nach einem dreiviertel Jahr des Aufbaus wird er diesmal nicht verwiesen, sondern verhaftet, um für immer zu verschwinden. Kommunistische Landesregierung und russischer NKWD arbeiten Hand in Hand. Zeitgleich wird er als

Rektor abgesetzt und inhaftiert. Sein Tod und das Urteil dafür, vom russischen Militärtribunal vollstreckt, vollziehen sich im Dunklen. 1958 erfahren wir durch das Russische Rote Kreuz von seinem Tod. Der Inhalt der Todeserklärung, ausgestellt am 6.12.1957 in Moskau, lautet: »Ernst Lohmeyer, verstorben in russischem Gewahrsam am 19. September 1946«.

Die Frage stellt sich nun: Wie kommt es, daß er sowohl bei den Nationalsozialisten als auch bei den Kommunisten ins Räderwerk geriet? Wer meinen Vater kannte, weiß, daß er sich nicht in den Vordergrund drängte, wenn er nicht gefordert wurde oder die Sache es erforderte. Von Natur aus kein Kämpfer, eher zurückhaltend und schüchtern, entsprach Schreibtischarbeit seinem Wesen. Doch er, der zeitlebens nach der Wahrheit Suchende, dessen Theologie nur von dieser Quelle ausging und dessen eignes Leben nur von dieser Sicht aus von Bedeutung war, dem die Freiheit des Denkens und des Forschens unantastbare Werte waren, fühlte sich verantwortlich, wenn diese Werte in Gefahr waren.

Natürlich gab ihm dafür ein Rektorat die weitesten Möglichkeiten, brachte ihn aber zwangsläufig in Gefahr. Die situationsbedingten Gründe für die Annahme beider Rektorate waren natürlich verschieden. Bedeutete es in Breslau eine folgerichtige Bestätigung seines Rufes als Wissenschaftler, so war das Greifswalder Rektorat zunächst nichts weiter als eine Hilfeleistung für den Wiederaufbau. Der Lehrkörper war im Mai 1945 aus vielerlei bekannten Gründen stark reduziert. Es war niemand da, der in Frage kam oder der sich zur Verfügung stellen wollte. War in Breslau zu spüren, daß das neue System erst seine Schatten vorauswarf, es war das Jahr 1930/31, so war in Greifswald zunächst noch kein System zu erkennen. Es war unmittelbar nach der Stunde Null. Das Rektorat begann in der schlimmsten Zeit des besiegten und zerstörten Deutschland. Ganz allmählich mußten sich erst wieder Leben ermöglichende Ordnungsschemen herausbilden. Zu dieser Zeit lag alles offen, Willkür, wie auch Hoffnung.

Ich bin mir völlig sicher, daß das, was meinem Vater widerfuhr, in dieser Weise auch nur kurze Zeit später nicht mehr möglich gewesen wäre. – Wie ja eben oft in der Geschichte unerklärbar Entsetzliches in Umbruchszeiten passiert, ohne daß es verhindert werden kann. Daß er in seiner Person als Rektor einer Universität, die nun zu einem kommunistischen Land gehören sollte, nicht der richtige Mann war, liegt auf der Hand, und insofern liegt nichts Widersprüchliches, sondern sich zwangsläufig Ergebendes in der Tatsache, daß beide Rektorate, das erste in der Folgewirkung, das zweite mittendrin abgebrochen, sich für ihn negativ auswirken konnten bzw. mußten. Ich glaube nicht, daß er Gefahr für seine eigene Person in dieser Greifswalder Zeit in Erwägung zog. Meine Mutter sagte immer, es habe etwas Asketisches in ihm gelegen. Das mag einmal mit Lohmeyerschem Erbgut zusammenhängen, zum anderen damit, daß bei einer Überakzentuierung geistigen Lebens und Erlebens das reale Leben bedeutungsloser wird. – Und er war ohne Angst. So wenig, wie er Krankheiten bei sich kaum zur Kenntnis nahm, bescheidenste Lebensumstände ihm nichts ausmachten, alles Äußere, so es nur äußerlich blieb, ihm gleichgültig war, so wenig dachte er in Augenblicken der Gefahr an sich selbst, sein körperliches Vorhandensein. Auch wir, seine Kinder, sind ohne Angst herangewachsen – in einer Zeit, die sicher bedrohender war als die gegenwärtige. Eine stärkere Mitgift hätten uns unsere Eltern auf das, was einen jeden von uns noch erwartete, nicht mitgeben können.

Ganz sicher setzte er in jenen Zeiten seine Verstandeskräfte voll ein und war sich deren auch sicher. Es mag sein, daß er in einer ganz anderen Weise die Macht der Ratio überschätzte, denn einer Emotionalisierung eines Volkes wie auch einem despotischen Dogma ist als Einzelner schwer zu begegnen. Wohl konnte er im Einzelfall helfen und dabei das ihn peinigende Gefühl für sich selbst mindern, ein Deutscher in dieser Zeit gewesen zu sein. Und diese Zeugnisse sind ja auch das, was ihn, wie manch anderen, aus der Masse der Deutschen hervorhob, und sie sind und waren wichtig. Aber sie konnten nur geschehen durch die Preisgabe der eignen Person.

Denken Sie noch einmal an das ihm entsprechende Augustinische »Ama et fac quod vis« zurück – Habe Liebe und tue, was Du willst –. In einem festen Eingebundensein fordert es für den Menschen hohe Verantwortung, und danach lebte er.

1 Inzwischen bereitet die theologische Fakultät der Universität Greifswald für den 19. September 1990 eine Gedenkstunde vor.

DIETER LÜHRMANN

Ernst Lohmeyers exegetisches Erbe

I.

Ernst Lohmeyer hat ein erstaunlich umfangreiches Werk hinterlassen. Die neu erarbeitete Bibliographie am Ende dieses Bandes — wohl immer noch nicht vollständig — stellt das eindrücklich unter Beweis[1]. Sie zeigt zugleich die Breite seiner Arbeit. Diese reicht vom Matthäus-Evangelium bis zur Offenbarung des Johannes, und sie schließt ein weites Umfeld der neutestamentlichen Schriften wie ihrer Auslegung ein, in den vielen Rezensionen auch das Gespräch und die Auseinandersetzung mit der zeitgenössischen Wissenschaft. Ein besonderes Interesse an der Sicherung seines Erbes läßt sich in den Jahren nach 1951 beobachten, also nach der Bestätigung seines Todes. In diese Zeit fallen Neuauflagen seiner wichtigsten Bücher und Sammelbände seiner Aufsätze. Die Gedenkschrift »In memoriam Ernst Lohmeyer«[2], geplant als Festschrift zu seinem 60. Geburtstag, dokumentiert in ihren Beiträgen den weiten Rahmen seiner wissenschaftlichen und persönlichen Beziehungen. Daß Martin Buber so bald nach 1945 einen deutschen Gelehrten durch einen Aufsatz geehrt hat, war sicher nicht selbstverständlich, unterstreicht aber, was Horst Beintker in seinem Aufsatz in unserem Gedenkband aufzeigt[3].

1 S. u. S. 181–191.
2 Hg. von Werner Schmauch, Stuttgart 1951.
3 S. 98–134.

Die Ungewißheit über sein Schicksal nach der Verhaftung am 15. Februar 1946, die Nachricht über seinen Tod, die im Frühjahr 1951 Gewißheit brachte, erst 1958 die genauere Angabe seines Todesdatums 19. September 1946 – das alles erklärt ein solches Interesse in jenen Jahren an dem Werk eines Neutestamentlers, für den das Martyrium nicht nur ein beherrschendes wissenschaftliches Thema gewesen, sondern im buchstäblichen Sinne eine Lebens- und Todeserfahrung geworden war[4]. Zugleich war Lohmeyer nicht ein Mensch des »Elfenbeinturmes« gewesen. Er hatte in kritischer Zeit vor 1933 verhältnismäßig jung das Rektorat der Universität Breslau 1930/31 übernommen, infolge dieser Funktion 1932 Störungen der Vorlesungen seines jüdischen Kollegen Joseph Cohn durch nationalsozialistische Studenten energisch mit einem Polizeieinsatz unterbunden, war als einer der wenigen seiner Breslauer Kollegen von Anfang an bei der Bekennenden Kirche, war schließlich nach Greifswald strafversetzt worden. 1945 hatte er mit anderen Bürgern die kampflose Übergabe dieser Stadt an die sowjetischen Truppen in die Wege geleitet und in der schwierigen Situation sich für den Neuaufbau der Greifswalder Universität als Rektor zur Verfügung gestellt. Seine mit solchem Neuanfang verbundenen Hoffnungen finden sich in den Ausschnitten seiner Rede zu Beginn des ersten Nachkriegssemesters, die Werner Schmauch in seinem »In memoriam« wiedergegeben hat:

»Dieser Beginn geschieht mit einer neuen Freiheit und einer alten Gebundenheit: Der Weg ist nicht leicht, nicht ohne Not und Anstrengung, aber wenn die Ziele klar sind und die Kräfte gerüstet, die Nacht und Macht der Zerstörung und Bedrückung zu überwinden, dann wird es mit dem anhebenden neuen Semester gehen wie mit dem anbrechenden Morgen: ‚Zu neuen Ufern lockt ein neuer Tag!'«[5]

---

4 Vgl. zu den im folgenden begegnenden biographischen Daten die in der Bibliographie unter VIII. zusammengestellten Titel.
5 In: In memoriam Ernst Lohmeyer (s. Anm. 2) S. 9 f.; vollständiger Text: siehe Vorwort.

*Aus dem Vorwort zu »Gottesknecht und Davidsohn«
1942/43 im Kaukasus geschrieben
1. Auflage 1945 in Schweden erschienen
2. Auflage 1953 in Göttingen*

Nicht erhellt sind bis heute die Hintergründe seiner Absetzung als Rektor, seiner Verhaftung, des Geheimprozesses, der zu einem Todesurteil führte, das dann auch vollstreckt worden ist. Das alles war vielleicht nicht singulär in jener Zeit[6]; daß es jedoch ihm geschah, verrät etwas über die Wirkung der starken Persönlichkeit Ernst Lohmeyers. Er war Besatzungsoffizier in Polen, Holland, Belgien und Rußland gewesen, und er hat gewußt, was hinter der Front vor allem in Polen und in der Sowjetunion passiert ist. Gegen alle Verdächtigungen in dieser Richtung, die nie in einem öffentlichen Prozeß erhoben worden sind, steht sein ebenfalls von Schmauch zitiertes Selbstzeugnis aus einem Feldpostbrief: »Das einzige, was mir das Leben als Soldat erträglich macht, ist, das schwere Los des Krieges hüben und drüben zu lindern.«[7] »Hüben *und drüben*« – wie immer wir als nachgeborene Besserwissende solche Formulierungen lesen mögen – signalisiert in einem der Zensur unterliegenden Brief ein Bewußtsein dafür, was in den von der deutschen Wehrmacht besetzten Gebieten geschehen ist, noch mehr die Passage aus einem Brief an den schwedischen Neutestamentler Anton Fridrichsen vom Herbst 1943:

»Schwerer ist noch, daß man in dies fürchterliche Chaos von Grauen und Schuld mitverflochten ist, gewiß als ein Unschuldiger, mancher wohl auch als einer, der mit allen Kräften draußen und drinnen versucht hat, einen geringen Teil solcher Schuld wieder gut zu machen – aber die Verflechtung bleibt.«

Bewegend ist die Schilderung seiner Tochter über den aus dem Krieg zurückgekehrten und von diesem Krieg gezeichneten Vater[8]. »Neue Ufer« waren in Sicht nach dem Unter-

---

6 Vgl. etwa die leicht distanziert-ironisch getönte Darstellung von Hans-Georg Gadamer seiner Erfahrungen als Rektor der Leipziger Universität von 1945 bis 1947 in seinen Erinnerungen: Philosophische Lehrjahre, Frankfurt 1977, S. 122–138.
7 Zitiert bei Schmauch (s. Anm. 5) S. 10.
8 Gudrun Otto, Erinnerung an Ernst Lohmeyer, DtPfrBl 81, 1981, S. 358–362, das Zitat dort S. 360.

gang des Dritten Reiches. Er hat sie nicht mehr erreicht, sie aber gesehen, auch und gerade in seinem Werk als Ausleger des Neuen Testaments.

II.

Sucht man nach seinen Spuren in der gegenwärtigen neutestamentlichen Fachdiskussion, dann ist sein Name erstaunlich präsent. Wer wie ich eine Würdigung seines exegetischen Werkes vorbereitet, stößt erst recht immer wieder in unterschiedlichsten Zusammenhängen auf ihn, oft genug als Ausgangspunkt einer Übersicht über den jeweiligen Stand der Forschung. Über die unmittelbare Betroffenheit durch die Bestätigung seines Todes hinaus reicht also das Interesse an seiner Arbeit. Es zeigt sich nicht nur in der Aufnahme von Aufsätzen in thematische Sammelwerke bis in die jüngste Zeit, sondern auch in der internationalen Literatur zu von ihm behandelten Themen. Er selbst hatte mit seinen Beziehungen nach England, Skandinavien, Frankreich und den USA ja bereits diesen internationalen Rahmen gesucht.

Während des letzten Jahres kamen mir z.B. zwei neue Aufsätze zu Phil 2,6–11 in die Hände[9]. Beide setzen ganz selbstverständlich ein mit Ernst Lohmeyer, war er doch derjenige gewesen, der diesen Textzusammenhang als nicht von Paulus so formuliert, sondern als von Paulus aus der Urgemeinde übernommenen Psalm nachgewiesen hatte. Mögen sich auch spätere Interpreten reiben an Lohmeyers Auslegung, so kommt ihm doch unbestritten dieses Verdienst zu. Nicht nur die Ausgabe des griechischen Textes des Neuen Testaments (Nestle-Aland seit der 26. Auflage), sondern auch der revidierte Luther-Text von 1976 an drucken diesen

---

9 Joseph A. Fitzmyer, The Aramaic Background of Philippians 2:6–11, CBQ 50, 1988, S. 470–483; Ulrich B. Müller, Der Christushymnus Phil 2,6–11, ZNW 79, 1988, S. 17–44.

Text nun strophisch gegliedert. Lohmeyer hat — seinen ästhetischen Interessen folgend — sehr viel mehr in den neutestamentlichen Schriften als hymnisch strukturiert erweisen wollen; in diesem einen Punkt zumindest hat er die meisten Fachkollegen überzeugt. Theologiegeschichtlich hatte Phil 2,6—11 in der protestantischen Dogmatik immer eine große Rolle gespielt bis hin zu Nachdichtungen in Kirchenliedern. Durch Lohmeyer war es erwiesen als Kirchenlied bereits des frühen Christentums, das also nicht bloß eine spezielle Christologie des Paulus zeigte, sondern breit verankert war im Kultus frühchristlicher Gemeinden, sozusagen zum Gemeindegut gehörte.

Ein ganz anderes Feld, doch mit ihm über das Abendmahl als von ihm angenommenem Ursprung dieses Kirchenliedes verbunden, ist Lohmeyers bis heute nachwirkende These eines doppelten Ursprungs des Christentums, einmal in Galiläa als unmittelbare Nachfolge Jesu, zum anderen in Jerusalem als Ort der Kreuzigung Jesu. In der neueren Diskussion um den Ursprung des Abendmahls wirkt seine These insofern nach, als die Mahlgemeinschaften des irdischen Jesus, bei Lohmeyer insbesondere die Speisungswunder, als Ursprung des von der christlichen Gemeinde gefeierten Abendmahls gesehen werden[10].

Für die Interpretation des Markusevangeliums ist »Galiläa und Jerusalem« seit Willi Marxsens Buch[11] Ausgangspunkt der Diskussion geblieben, die nicht beschränkt war auf den deutschsprachigen Raum, sondern in England bereits 1938 von Lightfoot aufgenommen wurde[12]. Vor allem wird sein Kommentar zum Markusevangelium natürlich immer noch gekauft und gelesen.

Die Neubesinnung auf eine sozialgeschichtliche Exegese des Neuen Testamentes in den siebziger Jahren konnte an

---

10 Vgl. Ferdinand Hahn, Zum Stand der Erforschung des urchristlichen Herrenmahls, EvTh 35, 1975, S. 553—563.
11 Willi Marxsen, Der Evangelist Markus, FRLANT 67, 1956.
12 Robert Henry Lightfoot, Locality and Doctrine in the Gospels, 1938.

sehr wenige Arbeiten anknüpfen, die zwischen ihr und den Standardwerken vom Beginn des Jahrhunderts, Ernst Troeltsch und Max Weber, lagen. Dazu gehörte Ernst Lohmeyers knappe, aber gehaltreiche Studie »Soziale Fragen im Urchristentum« von 1921, die 1973 neu aufgelegt worden ist. Dies war kein Gelegenheitsthema für Ernst Lohmeyer, sondern seine Bibliographie zeigt, daß das Christentum als soziale Größe, die konkret wird in der Feier des gemeinsamen Mahles, thematisch beherrschend geblieben ist in seinem Werk.

In der neutestamentlichen Forschung gibt es seit einigen Jahren eine neue Diskussion darüber, was Paulus gemeint hat, wenn er die griechische Wortverbindung *pistis christou* verwendete, die seit Luther mit »Glaube an Christus« wiedergegeben wird. Hier ist Ernst Lohmeyers Position, diese Verbindung mit »Christus-Glaube« zu übersetzen und als »metaphysisches Prinzip« im Unterschied zum subjektiven Gläubig-Sein zu verstehen, weniger präsent. Die Präsidentin der Studiorum Novi Testamenti Societas z.B. hat 1988 ihre Antrittsrede zu diesem Thema gehalten, ohne sich – wie ich meine, zu ihrem Nachteil – der Argumente Ernst Lohmeyers bewußt zu sein[13]. Er hatte in seiner Interpretation der paulinischen Theologie die Betonung auf den Primat der Christologie gelegt, darin wohl nicht Unrecht habend, aber doch unglücklich zugespitzt in der Alternative.

In der Interpretation der Offenbarung des Johannes stellt Ernst Lohmeyers Kommentar einen Meilenstein dar, der von allen späteren Interpreten gewürdigt wird[14]. Sein Dringen auf den Text abgesehen von aller historischen und religionsgeschichtlichen Ableitung macht immer noch dieses Buch als unbequemes Erbe christlicher Tradition bewußt.

Ernst Lohmeyer ist also in den verschiedensten Bereichen seines exegetischen Werkes durchaus nicht vergessen in der

---

13 Morna D. Hooker, Πίστις χριστοῦ, NTS 35, 1989, S. 321–342.
14 Vgl. Otto Böcher, Die Johannesapokalypse, EdF 41, 1975.

heutigen neutestamentlichen Forschung, zwei oder drei Generationen später, was wenigen seiner ehemaligen Kollegen oder Kontrahenten beschieden ist. Wer kennt z.B. noch seinen Nachfolger in Breslau, der ihn dort ersetzen sollte? Seine – erstaunlich vielen – Kommentare sind nur zum Teil abgelöst durch Neubearbeitungen, für das Markusevangelium und den Philipperbrief noch nicht. Die Kritik mag sich reiben an dem, was Ernst Lohmeyer vorgelegt hat, überholt ist er jedenfalls in vielen Zusammenhängen nicht.

Trotzdem, und das ist seltsam genug, fehlt Ernst Lohmeyer weithin, wenn Rückblicke auf die neuere Geschichte der evangelischen Theologie in Deutschland erfolgen. Einzelne Teile seines Werkes sind, wie gezeigt, zwar durchaus präsent, es fehlt jedoch Ernst Lohmeyer als eine zumindest die neutestamentliche Gestalt der Theologie bestimmende Persönlichkeit[15]. Eindrucksvoll genug sind die in diesem Band gesammelten Würdigungen seiner Person, seiner aktuellen politischen und kirchlichen und theologischen Entscheidungen, seines ästhetischen Gefühls, seines Lebensschicksals. Was aber bleibt von seinem Werk als Neutestamentler Generationen später?

III.

Schon seine unmittelbaren Zeitgenossen haben Ernst Lohmeyers schwierige Sprache moniert. Er rechtfertigt sich in einem Brief an Hans Lietzmann gegenüber dessen freundlicher Ablehnung seiner »Grundlagen paulinischer Theologie« von 1929:

»Wenn Ihnen die Sprache ... unverständlich scheint, so ist es wohl darin begründet, daß ich bisher fast nur Arbeiten geschrieben habe, die man gemeinhin ‚rein geschichtlich' nennt. Hier aber

---

15 Nach der mir vorliegenden Planung der TRE (Stand: Dezember 1977) ist z.B. kein Artikel über ihn vorgesehen.

handelte es sich um das Ganze einer bestimmten Theologie, um ihre prinzipiellen ‚Grundlagen'. Und ich gestehe keinen anderen Weg zu ihnen zu wissen als den, welchen diese Prinzipien selber weisen, und beklage es, daß dieser Weg sonst so selten gegangen wird. Wie aber soll man anders in wissenschaftlicher Weise von diesen Prinzipien sprechen als dadurch, daß man sich in die wissenschaftliche Tradition dieser Prinzipienlehre einordnet? Sie reicht von Plato bis Leibniz und Kant; ihre Sprache ist es, die ich nachzusprechen, ihr Denken, das ich nachzudenken versuche, an dem mir zur Aufgabe gewordenen Gegenstand.«[16]

Im November desselben Jahres ließ Lohmeyer Lietzmann ein Exemplar seines Kommentars zum Philipperbrief zukommen »ein wenig auch in der Hoffnung, daß Sie an ihm sehen können, wie ich nicht immer auf unverständlichen Wegen wandele«[17]. Lietzmann jedoch hatte sich inzwischen im Zusammenhang einer Jenaer Berufungsliste mit einem Gutachten scharf gegen Lohmeyer ausgesprochen, offenbar mit dem Argument der philosophischen Überfremdung der Exegese[18].

Erst dieser nur aus dem von K. Aland edierten Briefwechsel Lietzmanns zu erschließende Zusammenhang, der aber Lohmeyer sicher nicht unbekannt geblieben war, erklärt die Schärfe der Kontroverse mit Lietzmann, die Lohmeyer in die Öffentlichkeit getragen hat. Lietzmann hatte brieflich unter dem Datum des 12.12.1931 einen Aufsatz von Ernst Lohmeyer über Johannes den Täufer für eine Veröffentlichung in der ZNW abgelehnt, da Lohmeyer von der für Lietzmann unabdingbaren Voraussetzung abweiche, »daß alle Beteiligten sich über die letzten Grundsätze historischer Methode

---

16 Bei Kurt Aland (Hg.), Glanz und Niedergang der deutschen Universität. 50 Jahre deutscher Wissenschaftsgeschichte in Briefen an und von Hans Lietzmann (1892–1942), Berlin 1979, Nr. 637, S. 584f. vom 10. Februar 1929.
17 Bei Aland Nr. 654, S. 594.
18 Vgl. bei Aland den Brief Nr. 655, S. 594–597, von Waldemar Macholz an Hans Lietzmann.

einig sind und nur über die Art ihrer Anwendung diskutieren«. Unter Verweis auf seine Erfahrungen in Schweden und Holland resümiert Lietzmann: »Die ZNW wird viel im Ausland gelesen, und sie darf nicht dazu beitragen, daß in der Welt der Eindruck entsteht, Studien wie die Ihrige seien der legitime Ausdruck moderner deutscher Theologie«, und begründet dies mit der fehlenden historischen Qualität von Lohmeyers Aufsatz[19].

Lohmeyer antwortet ihm kurz unter dem Datum des 25.12., also des ersten Weihnachtstages (!) 1931, indem er einen offenen Brief ankündigt[20], der dann im ersten Heft der ThBl 1932 erschienen ist. Darin wirft er Lietzmann vor, aus der ZNW ein »Vereinsblatt« machen zu wollen, vor allem hakt er sich fest an dem von Lietzmann verwendeten Begriff »deutsche Theologie«, verweist demgegenüber auf den internationalen Charakter von Wissenschaft und kündigt die Veröffentlichung des inkriminierten Aufsatzes in einer amerikanischen Zeitschrift an[21]. Dort ist der Aufsatz dann auch 1932 in JBL erschienen[22]. Gleichzeitig kam aber sein knappes Buch zu diesem Thema heraus, eine erweiterte Fassung des ursprünglichen Aufsatzes[23]. Danach hat Lohmeyer zunächst nicht mehr in der ZNW publiziert.

Lietzmann haben Lohmeyers Vorwürfe offenbar sehr irritiert. Zwar lehnte er eine öffentliche Erwiderung ab[24]; in einem Brief an Hans von Soden schildert er den Fall aber noch einmal[25], und auch Adolf Jülicher nimmt in einem

19 Bei Aland Nr. 771, S. 690f.
20 Bei Aland Nr. 773, S. 692f.
21 Offener Brief an Hans Lietzmann, ThBl 11, 1932, Sp. 18–21 samt Bemerkung ebd. Sp. 93 zu Lietzmanns Reaktion (s.u. Anm. 24).
22 Zur evangelischen Überlieferung von Johannes dem Täufer, JBL 51, 1932, S. 300–319.
23 Das Urchristentum, 1. Buch: Johannes der Täufer, Göttingen 1932.
24 ZNW 30, 1931, S. 315; dieses Heft der ZNW erschien erst im Frühjahr 1932, Lietzmann nimmt Bezug auf Lohmeyers Offenen Brief (s.o. Anm. 21).
25 Bei Aland Nr. 775, S. 694f.

Brief darauf Bezug zugunsten Lietzmanns[26]. Was Lietzmann gemeint hatte, wird vielleicht klarer aus einem zeitlich früheren Brief an Rudolf Bultmann, der ihm ein Manuskript von Ernst Fuchs für die ZNW empfohlen, aber gleichzeitig auf dessen Abhängigkeit von der »Terminologie der Heideggerschen Existential-Analyse« hingewiesen hatte[27]. Lietzmann antwortete Bultmann unter dem 29. Mai 1931, also vor der Kontroverse mit Lohmeyer:

»Ich drucke in der ZNW Arbeiten aller wissenschaftlich vertretbaren Richtungen ab, und ich brauche Ihnen nicht erst zu sagen, daß ich Wert auf die Mitarbeit dialektischer Theologen lege. Aber ich bringe grundsätzlich keine Aufsätze, die ich selbst nicht verstehen kann. Denn ich wünsche der ZNW ihre Bedeutung als Organ der deutschen Theologie auch gegenüber dem Ausland zu erhalten und muß deshalb entscheidenden Wert darauf legen, daß die Aufsätze in einer Sprache geschrieben sind, die einem des normalen Deutschen mächtigen Ausländer verständlich ist. Das hat bisher keiner besonderen Betonung bedurft, weil es eine einfache Selbstverständlichkeit war. Jetzt haben sich die Zeiten geändert. Neben der allgemein für die Wissenschaft verwendeten und im Laufe des letzten Jahrhunderts zu hoher Leistungsfähigkeit gebrachten Sprache bedienen sich bestimmte theologische Kreise einer esoterischen Sondersprache, die eigenen Wortschatz und eigene Syntax besitzt und in der Regel mit der Terminologie eines Philosophen zusammenhängt oder aus ihr weitergebildet ist. ... Und ich bin dabei der Überzeugung, daß ich den Dialektikern, Heideggerianern, Hönigswaldianern und wie sie alle heißen sachlich einen erheblichen Gefallen tue, wenn ich sie veranlasse, ihre Gedankengänge in gemeinem Deutsch zum Ausdruck zu bringen, weil sie dann von jedermann im In- und Auslande verstanden werden können, und zweitens eine solche Umsetzung zugleich eine neue Durchdenkung ist, die nicht ohne wohltätige Folgen für die Klarheit der Darlegungen bleiben kann.«[28]

---

26 Bei Aland Nr. 785, S. 700f.
27 Bei Aland Nr. 748, S. 666f.
28 Bei Aland Nr. 749, S. 667f.

Man wird also sagen müssen, daß Lohmeyers so heftige Reaktion überzogen gewesen ist und daß Lietzmann mit dem Hinweis auf die »deutsche Theologie« keineswegs den internationalen Charakter von Wissenschaft bestritten hatte. 1935 findet sich denn auch unter den neuen Konstellationen Ernst Lohmeyer bei den Gratulanten zu Hans Lietzmanns 60. Geburtstag[29], und 1939 erscheint auch wieder ein Aufsatz von ihm in der ZNW[30].

Das Problem, das Lietzmann mit Lohmeyer hatte, war aber nicht einfach eine Frage des sprachlichen Stils, sondern das, was anläßlich der »Grundlagen« Lohmeyer signalisiert hatte mit der Differenz zwischen »rein geschichtlichen« Arbeiten und solchen, in denen es um »prinzipielle ‚Grundlagen'« geht. Erik Esking[31] hat die verschiedenen Ebenen der Darstellung und deren geistesgeschichtlichen Hintergrund bei Ernst Lohmeyer sehr eingehend und kritisch analysiert und dabei sowohl auf Lohmeyers Beziehungen zur Philosophie Hönigwalds als auch zum George-Kreis hingewiesen, damit aber nicht Lohmeyer einfach historisch eingeordnet und relativiert, sondern auf ein *Sachproblem* der Exegese hingewiesen, das als solches bis heute, vielleicht sogar verschärft besteht. Hat es Exegese mit der historisch-kritischen oder – wie Lohmeyer bevorzugte – »kritisch-historischen« Rekonstruktion des Urchristentums als der Anfänge des Christentums zu tun, inwiefern lassen sich dann daraus für die Gegenwart gültige Aussagen gewinnen? Es handelt sich also um das seit Lessing latente Problem des »garstigen Grabens« zwischen damals und heute, um das nach dem Zusammenbruch der liberalen Theologie gesteigerte Problem der Beziehung zwischen historischer Wahrheit und gegenwärtigem Anspruch, das theologisch kulminierte in der Frage nach der Bedeutung des historischen

---

29 Bei Aland Nr. 906, S. 808–810.
30 Die Fußwaschung, ZNW 38, 1939, S. 74–94.
31 Glaube und Geschichte in der theologischen Exegese Ernst Lohmeyers, ASNU 18, 1951.

Jesus. Lohmeyer deutet mit den Namen Plato, Leibniz und Kant und dem dann folgenden Verweis auf Ferdinand Christian Baur an, daß es sich für ihn um ein Problem der Prinzipienlehre handelt, während sich Lietzmann in seiner Erwiderung auf die Sprache der Wissenschaft bezieht, die sich seit dem 19. Jahrhundert entwickelt hatte.

IV.

Neben dem Hinweis auf Eskings theologiegeschichtliche Arbeit bietet sich ein Vergleich an – nicht nur aus der Marburger Perspektive – mit dem wenig älteren, 1884 geborenen Rudolf Bultmann[32]. Als Bultmann 1920 von Breslau nach Gießen, ein Jahr später von dort nach Marburg ging, wurde Lohmeyer sein Nachfolger in Breslau, wo er bis zu seiner Strafversetzung nach Greifswald im Jahre 1935 blieb, 1921 vom Extraordinariat auf eine ordentliche Professur wechselnd. Aus Breslau kannte Lohmeyer Bultmanns Marburger Kollegen Hans von Soden, später eine zentrale Figur im Kirchenkampf. Die Beziehung zwischen Lohmeyer und Bultmann spielte im Kirchenkampf eine Rolle. Ein 1933 geschriebener Brief Lohmeyers an Bultmann, in dem er ihn informiert über Entwicklungen in der schlesischen Kirche und voraussetzt, daß Bultmann von Soden Bescheid gibt, zeigt die vorbehaltlose Vertrautheit beider in dieser Situation[33]. Lohmeyer hatte, wie viele andere Neutestamentler, die von Marburg aus initiierte Stellungnahme zum Arierparagraphen mit unterzeichnet. Ein Brief an Hans von Soden zeigt seine Beteiligung daran[34].

---

32 Vgl. jetzt bes. Martin Evang, Rudolf Bultmann in seiner Frühzeit, BHTh 74, 1988.
33 Prof. Dr. Otto Merk, Erlangen, hat mir freundlicherweise eine Kopie dieses Briefes zur Verfügung gestellt.
34 Veröffentlicht: Theologie und Kirche im Wirken Hans von Sodens, hg. von Erich Dinkler, Arbeiten zur kirchlichen Zeitgeschichte Reihe A, Göttingen 1984, S. 84.

Lohmeyer und Bultmann konnten sich nicht fremd sein. Nicht nur stammten sie beide aus der »Religionsgeschichtlichen Schule«, sondern sie hatten das nicht als bloße Möglichkeit einer akademischen Karriere genommen, sondern sich das Programm der Religionsgeschichte angeeignet. Lohmeyers theologischer Doktorvater in Berlin war Adolf Deißmann gewesen, der zum weiteren Umfeld der eigentlichen »Religionsgeschichtlichen Schule« zu rechnen ist. Er hatte ein Studium der Theologie, der Philosophie und der orientalischen Sprachen von 1908 bis 1911 absolviert, sieben Semester in Tübingen, Leipzig und Berlin. 1912 promovierte er zum Doktor der Theologie. 1914 kam hinzu der Doktor der Philosophie in Erlangen, schon während seines Militärdienstes, der 1913 begonnen erst 1918 endete. 1918 aber habilitierte er sich für Neues Testament in Heidelberg bei Martin Dibelius, dem inzwischen dorthin berufenen etwas älteren Freund aus Berliner Tagen (geb. 1883). Nicht nur seine frühen Arbeiten weisen Lohmeyer aus als einen sich in die Tradition religions- und formgeschichtlicher Interpretation des Neuen Testaments stellenden Theologen, sondern religions- und formgeschichtliche Fragestellungen prägen wie bei Dibelius und Bultmann das ganze Werk. Aus der religionsgeschichtlichen Arbeit erklärt sich nicht zuletzt seine Erkenntnis über die Zusammenhänge zwischen frühem Christentum und Judentum; seine berühmten Sätze gegenüber Martin Buber in der Situation von 1933 sind gedeckt durch seine exegetische Arbeit. Offenbar hat er die Chancen der Nachbarschaft zum Jüdischen Rabbinerseminar in Breslau genutzt:

> »Ich hoffe, daß Sie mit mir darin übereinstimmen werden, daß der christliche Glaube nur so lange christlich ist, als er den jüdischen in seinem Herzen trägt; ich weiß nicht, ob Sie auch der Umkehrung beistimmen werden, daß auch der jüdische Glaube

nur so lange jüdisch ist, als er den christlichen in sich zu hegen vermag«[35].

Nach dem damaligen Stand der Quellen und der religionsgeschichtlichen Methoden konnten gerade seine im Umfeld der Habilitation entstandenen Studien als mustergültig gelten. Hinzu kam von Martin Dibelius her die formgeschichtliche Fragestellung, beides z.B. in der zu Beginn genannten Studie über den Christuspsalm Phil 2,6–11 verbunden, sowie die seit den Arbeiten der »Religionsgeschichtlichen Schule« die neutestamentliche Exegese irritierende Frage nach der Apokalyptik bzw. der Eschatologie. War die Hoffnung auf das bevorstehende Ende der vorhandenen Welt so etwas wie ein Generalschlüssel für das Verständnis des Urchristentums geworden, so blieb die Frage, wie angesichts einer seit Jahrhunderten weiterhin bestehenden Welt gegenwärtiges Christentum zu legitimieren sei. Lohmeyers Kommentar zur Offenbarung des Johannes relativiert diese umstrittenste Schrift des Neuen Testamentes gerade nicht auf ihre Bedingtheiten, sondern gibt ihr mit Hilfe der Traditions- und der Religionsgeschichte Zeitlosigkeit gegenüber zeitgeschichtlich und psychologisch orientierten Auslegungen. Auch hier hat offenbar die Überführung des allen Regeln griechischer Wortwahl und Syntax widersprechenden Textes in gebundene deutsche Prosa die Funktion, Zeitlosigkeit herzustellen; die separate Veröffentlichung der Übersetzung konnte zeigen, daß eine expressionistische Wiedergabe in sich selbst ohne kritisch-historische Kommentierung Sinn ergab.

Ernst Lohmeyer hatte sich wissenschaftlich aber auch in der Philosophie qualifiziert mit seiner Erlanger Dissertation von 1914 über »Die Lehre vom Willen bei Anselm von Can-

---

35 Veröffentlicht: M. Buber, Briefwechsel aus sieben Jahrzehnten, hg. von Grete Schaeder, Bd. 2, Heidelberg 1973, Nr. 450, S. 499–501; mit einer Einführung von Ekkehard Stegemann abgedruckt in: Kirche und Israel 1, 1986, S. 5–8.

terbury«, einem Thema also aus dem Bereich der klassischen metaphysisch angelegten Theologie und Philosophie. Er knüpfte philosophisch nicht wie Barth und Bultmann bei Kierkegaard und Schleiermacher an und entwarf nicht wie Bultmann eine Theologie im Horizont der Existentialontologie, die Bultmann bei seinem Marburger Kollegen Heidegger als vorgegeben wiederfand. Sein philosophischer Kollege in Breslau und offenbar mehr und mehr auch persönlicher Freund wurde Richard Hönigswald, geboren 1875, Mediziner und Philosoph eines eigenständigen Kantianismus, bis 1930 in Breslau, dann in München, 1933 wegen seiner jüdischen Abstammung abgesetzt, 1938 im KZ Dachau, 1939 über die Schweiz in die USA emigriert, wo er bis zu seinem Tode 1947 seine Arbeit fortführte[36]. Sein umfangreiches und offenbar seinerzeit einflußreiches Werk scheint im deutschen Sprachraum vergessen zu sein. Wir waren ihm schon bei Lietzmann neben Heidegger begegnet, beide zusammen als Skylla und Charybdis, zwischen denen eine streng historische Exegese durchkommen mußte, während Lietzmann die dialektischen Theologen wie seinen Adressaten Bultmann durchaus sympathisch finden konnte.

Aber täuschte Lietzmann sich nicht, wenn er die »allgemein für die Wissenschaft verwendete und im Laufe des letzten Jahrhunderts zu hoher Leistungsfähigkeit gebrachte Sprache« gegen eine Sondersprache setzte, »die eigenen Wortschatz und eigene Syntax besitzt und« – hier setze ich einen Gedankenstrich – »in der Regel mit der Terminologie eines Philosophen zusammenhängt oder aus ihr weitergebildet ist«[37]? Mein Gedankenstrich zeigt die Frage an, daß die so nachdrücklich und überzeugend von Lietzmann betriebene historische Arbeit an den Quellen wissenschafts- und nicht minder philosophiegeschichtlich begründet ist im

---

36 Vgl. Gerd Wolandt, Art. »Hönigswald, Richard«, NDB IX, 1972, S. 345 f.
37 S.o. bei Anm. 28.

Historismus des 19. Jahrhunderts mit seiner Abkehr von der idealistischen Geschichtsphilosophie: Ist nicht auch diese Sprache der Wissenschaft abhängig von einer bestimmten philosophischen Konstellation? Vor allem aber führt dies zu der Frage, wie denn historische Erklärung überführt werden kann in für Gegenwart Gültiges. Karl Barth hatte diese Frage bissig gegenüber Lietzmanns »Handbuch zum Neuen Testament« gestellt mit seinem berühmten Diktum: »Kritischer müßten mir die Historisch-Kritischen sein!«[38], das er gerade am Handbuch exemplifizierte: »Meinen die Historiker denn wirklich, damit hätten sie ihre Pflicht gegenüber der menschlichen Gesellschaft erfüllt, daß sie re bene gesta im fünften Band – Niebergall das Wort erteilen?«[39] Ebenso war dies Gegenstand von Barths streitbarer Auseinandersetzung mit Harnack gewesen[40], und Bultmann hatte 1924 Rechenschaft abgelegt über »Die liberale Theologie und die jüngste theologische Bewegung« wie 1928 über »Die Bedeutung der ‚dialektischen Theologie' für die neutestamentliche Wissenschaft«[41].

V.

Nun gehörte Ernst Lohmeyer nicht zur dialektischen Theologie als jener »jüngsten theologischen Bewegung«, die Bultmann meinte, noch weniger freilich gehörte er zur liberalen Theologie. Bei Hönigswald fand er offenbar eine genuine Sprache, die des eigentlichen Kantianimus gegenüber dem

---

38 Der Römerbrief, Vorwort zur zweiten Auflage, S. XIII (zitiert nach: Zehnter Abdruck der neuen Bearbeitung von 1922, Zürich 1967).
39 Ebd. S. XIII.
40 Ein Briefwechsel zwischen K. Barth und A. von Harnack, in: Anfänge der dialektischen Theologie I, hg. von Jürgen Moltmann, ThB 17, 1966, S. 323–347.
41 Abgedruckt in: Glauben und Verstehen I, ³1958, S. 1–25 bzw. 114–133.

Neukantianimus, dem Barth und Bultmann in Marburg begegnet waren und von dem sie sich zu lösen versuchten. Stellte für Lietzmann die historisch beschreibende und vorsichtig historisch wertende Sprache die anerkannte Sprache der Wissenschaften und damit auch der Theologie dar, dann darf man ihm nicht Chauvinismus vorhalten, wenn er dieses Ideal als auch im Ausland verständliche deutsche Sprache bezeichnet. Man muß vielmehr einen nüchternen Sinn für sprachliche Kommunikation feststellen, die jedoch nicht sprachtheoretisch gesichert, sondern nur faktisch konstatiert ist. Sie rechnet aber auch nicht mit der Möglichkeit von »Übersetzung« in andere Sprachen, sondern geht aus von einer Wissenschaftssprache in allen Sprachen. Wohl deshalb waren die Fachleute unter sich dann wohl auch so enttäuscht von dem Tip, die »Harvard Theological Review« zu lesen, wie das im Briefwechsel Lietzmanns anklingt[42]. Man kannte alle die alten Sprachen, einschließlich verschiedener orientalischer. Die modernen Fremdsprachen aber waren für Lietzmann Italienisch, das er schrieb, und Französisch, nicht Englisch. In einer englischsprachigen Zeitschrift suchte man aber offenbar die Bearbeitung derselben historischen Fragen und hoffte auf ein vergleichbares Niveau einer gleichweise dem Ideal der deutschen Wissenschaftsgeschichte entsprechenden Sprache und war dann doch enttäuscht.

Kontakte ins fremdsprachige Ausland waren möglich, wie erneut Lietzmann zeigt mit seinem großen Briefwechsel in verschiedenen Sprachen. Auch Lohmeyers Betonung, daß Wissenschaft international sei, steht in diesem Zusammenhang. Sein 1927 französisch und italienisch veröffentlicher Aufsatz zum Martyrium zeigt das wie auch seine Kontakte mit dem Engländer R.H. Lightfoot oder dem Schweden Anton Fridrichsen. Die Veröffentlichung des von Lietzmann abgewiesenen Aufsatzes über Johannes den Täufer im Jour-

---

42 Vgl. Karl Holl bei Aland Nr. 474, S. 452f.

nal of Biblical Literature, unübersetzt in deutscher Sprache und ohne alle Anmerkungen, sieht jedoch aus wie ein eher hilfloser Versuch, bestehende Sprachbarrieren zu überwinden[43]. Daß er etwa gleichzeitig dasselbe als knappe Monographie deutsch herausbrachte, zeigt, wie sehr ihm nach Lietzmanns Ablehnung weiterhin an der Wirkung im deutschsprachigen Bereich gelegen sein mußte. Die Übersetzungen der Werke seiner Generation von Exegeten erfolgten zumeist erst später, die seiner eigenen erst in den sechziger Jahren. Sie zeigten freilich, daß auch seine Sprache durchaus übersetzbar gewesen ist, wenn auch nur eines Teiles seines Werkes.

Die von Lietzmann angemahnte Frage der Wissenschaftssprache nach dem Verlust – so wird man ergänzen dürfen – des Lateinischen, in dem sich die Gelehrten zu Beginn des Jahrhunderts noch immer spezielle Glückwünsche und Widmungen mitteilten, war einerseits offen, andererseits jedoch keineswegs offen, da Wissenschaft festgelegt war auf bestimmte Sprachregelungen, nämlich auf eine Sprache, die »allgemein für die Wissenschaft verwendete und im Laufe des letzten Jahrhunderts zu hoher Leistungsfähigkeit gebrachte Sprache« wie Lietzmann formulierte. Es war dies die – deutsche – Sprache der Beschreibung von historisch erhobenen Sachverhalten, hier angewendet auf den Bereich des Religiösen als Teil der Kultur. Barth brachte das auf den Gegensatz zwischen einem Feststellen dessen, »was da steht«, und dem, was »gemeint« ist, Bultmann ähnlich auf den von »gesagt« und »gemeint«[44]. Lohmeyer aber versuchte mit seinen »Grundlagen paulinischer Theologie« nicht weniger als eine Lehre von den Prinzipien der Theo-

---

43 S.o. Anm. 22; vgl. auch Das Abendmahl in der Urgemeinde, JBL 56, 1937, S. 217–252.
44 Barth s. Anm. 38, dort S.X; Rudolf Bultmann, Das Problem einer theologischen Exegese des neuen Testaments, abgedruckt: Das Problem der Theologie des Neuen Testaments, hg. von Georg Strecker, WdF 367, 1975, S. 249–277, hier S. 254.

logie in der von ihm selbst gegenüber Lietzmann genannten Tradition von Plato, Leibniz, Kant, Baur.

VI.

Worum es Lohmeyer ging und welchen Rang ein solcher Versuch besaß, kann klarer werden, wenn wir es profilieren in der Gegenüberstellung zu Rudolf Bultmanns in der Folgezeit wirksamerem und daher heute eher vertrautem Ansatz. 1927 haben beide, die schon lange die Veröffentlichungen des jeweils anderen verfolgt hatten, sich gegenseitig rezensiert, unabhängig voneinander, so daß nicht die eine Rezension eine Reaktion auf die des anderen bildet. Beide Rezensionen führen zu jeweils völliger Ablehnung des Ansatzes des anderen, beide Rezensenten waren aber genötigt, ihre eigenen Grundpositionen in Abwehr der anderen offenzulegen. Für beide ging es um die Thematik von Glaube und Geschichte, so daß ein Dialog möglich war und sie nicht einfach aneinander vorbeiredeten. Für beide schließlich ging es auch um das Problem einer sachgemäßen Wissenschaftssprache. Beide haben sich also gegenseitig als Dialogpartner respektiert, sich als Alternativen empfunden und sich nicht gegenseitig dem Gelächter der Fachkollegen preiszugeben versucht. Wenn Rezensionen schon normalerweise mehr über den Rezensenten sagen als über das rezensierte Werk, dann gilt das in besonderer Weise für diese beiden relativ umfangreichen Rezensionen. Deshalb liegt mir weniger daran, ob sie gegenseitig dem gerecht geworden sind, was der jeweils andere geschrieben hat, als vielmehr daran, wie Lohmeyer seinen eigenen Standpunkt gegenüber Bultmann behauptet hat und wie andererseits Lohmeyers Interpretation von Bultmann als Möglichkeit theologischer Exegese verworfen worden ist.

VII.

Gegenstand von Lohmeyers Rezension ist Bultmanns Buch »Jesus«, 204 Seiten mit 7 Abbildungen, erster Band einer offenbar nie fortgesetzten Reihe »Die Unsterblichen«, ungebunden für 3 Reichsmark, gebunden für 4 zu kaufen, wie der einleitende bibliographische Nachweis besagt. Das dort nicht genannte Erscheinungsdatum ist 1926. 1929 erschien eine zweite Auflage; sehr schnell folgten Übersetzungen ins Schwedische (1928), Dänische (1930), Japanische (1933), Englische (1934). Nach dem Zweiten Weltkrieg wurde es ab einer dritten Auflage von 1951 neu verlegt und ist als Taschenbuch nach wie vor auf dem Markt[45]. Für Bultmann war es nach der Veröffentlichung seiner Dissertation »Der Stil der paulinischen Predigt und die kynisch-stoischen Diatribe« (1910) und nach seiner »Geschichte der synoptischen Tradition« (1921) und deren sich ebenfalls mehr an die Fachgelehrten wendenden Umsetzung »Die Erforschung der synoptischen Evangelien« (1925) das erste Buch, das einen größeren Leserkreis im Blick hatte, auf allen gelehrten Apparat verzichtete, weder Griechisch voraussetzte noch Rechenschaft ablegte über das Verhältnis dieser Auslegung zu anderen, auf die Bultmann sich stützte oder die er ablehnte.

Dieses Buch konnte also damals als eine Anwendung der 1921 und 1925 vorgelegten literarkritischen und formgeschichtlichen Arbeiten über die Evangelien auf die Frage einer Neubestimmung des Ursprungs des Christentums in Jesus wirken. Auch Bultmann war sich vielleicht zu der Zeit noch nicht sicher, daß der von ihm so beschriebene Jesus nicht das »Wesen des Christentums« ausmacht, obwohl eine Fixierung auf Harnacks die liberale, historisch kritische Theologie für das kommende zwanzigste Jahrhundert zu-

---

[45] Zur Bibliographie vgl. Rudolf Bultmann, Exegetica, hg. von Erich Dinkler, 1967, S. 483–507, sowie jetzt: Eberhard Hauschildt, Rudolf Bultmanns Predigten, MThSt 26, 1989, S. XIX–L.

sammenfassendes Jesus-Buch unter diesem Titel sehr deutlich ist[46]. Erst in seiner »Theologie des Neuen Testaments« hat Bultmann die Verkündigung Jesu endgültig verwiesen in die »Voraussetzungen neutestamentlicher Theologie«. Seine frühen Aufsätze, gerade auch die zur Christologie[47], an die Lohmeyer anknüpft, lassen das so deutlich noch nicht erkennen. Vielleicht hat gerade Lohmeyers Rezension ihm zur Präzisierung geholfen?

Lohmeyer[48] ordnet jedenfalls Bultmanns Jesus-Buch ein in die Geschichte der Leben-Jesu-Forschung, für die auch Albert Schweitzers Destruktion des liberalen Jesus-Bildes nicht definitiven Charakter gehabt hatte. Er resümiert zunächst die formgeschichtliche Forschung, die keine Biographie Jesu zu schreiben mehr zuließ, Bultmanns Arbeiten offenbar eingeschlossen. Er reduziert gleich zu Beginn die Forschungslage auf die scheinbare Alternative: »Entweder die ‚Person' – aber was gäbe ihrer historischen Einmaligkeit sachlich Giltigkeit? – oder das ‚Werk'.« Lohmeyer übernimmt damit die Begrifflichkeit der klassischen Christologie, die unterscheidet zwischen der Person Christi und seinem Werk, und er trifft durchaus, was Bultmann 1933 mit Melanchthon als Werk Christi bestimmte: *hoc est Christum cognoscere beneficia eius cognoscere*[49]. So ist denn für Lohmeyer das Jesus-Buch Bultmanns ein Buch über das Werk unter Absehung von der Person Jesu: »Es ist in gewissem Sinn ein Buch von Jesus ohne Jesus« (Sp. 433).

Lohmeyer verkennt damit zwar zu diesem Zeitpunkt die Bedeutung dieses Buches für Bultmanns theologische Ent-

---

46 Vgl. meinen Aufsatz: Die Frage nach Kriterien für ursprüngliche Jesusworte – eine Problemskizze, in: Jésus aux origines de la Christologie, hg. von Jacques Dupont, BEThL 40, ²1989, S. 59–72, hier S. 70f.
47 Vgl. seinen Aufsatz von 1927: Zur Frage der Christologie, in: Glauben und Verstehen I, ³1958, S. 85–113.
48 Die Rezension erschien: ThLZ 52, 1927, Sp. 433–439, die Angaben im Text beziehen sich darauf.
49 Die Christologie des Neuen Testaments, in: Glauben und Verstehen I, ³1958, S. 245–267, hier S. 262.

wicklung, erkennt aber zu Recht, daß dieses »Wesen des Christentums« ein Buch »von Jesus ohne Jesus« wäre. Harnacks historische Beschreibung des Evangeliums, das Jesus verkündigt hatte, mochte noch eine Gegenwart um die Jahrhundertwende erreichen können, und Bultmanns Jesus-Buch mochte in den 20er Jahren im Einklang mit seiner Zeit einen verfremdeten Jesus dem entgegenstellen – so jedenfalls konnte man es lesen.

Lohmeyer kritisiert im folgenden immer wieder, daß Bultmann die historischen Bedingungen des Auftretens Jesu vernachlässige. Das entspricht freilich der forschungsgeschichtlichen Lage: »Deutlicher ist der Strich unter ein Kapitel der Geschichte theologischer Wissenschaft kaum zu ziehen« (Sp. 434). Keine Kritik übt Lohmeyer an Bultmanns Darstellung des Judentums im einzelnen; zu weit geht ihm nur, daß Jesus als Angehöriger des Standes der Schriftgelehrten bezeichnet wird. Aber wenn dies alles nur den »Rahmen« bildet, »so wäre also das Werk, das die folgenden Kapitel schildern, ..., das nicht mehr zeitgeschichtlich bestimmte ‚Bild' von bleibender Giltigkeit?« (Sp. 434). Er fordert demgegenüber die „Einheit von Person und Werk« (Sp. 438), während die Beschränkung auf das Werk Bultmann inkonsequenterweise zu einem »humanistischen« Kulturbegriff führe, den er doch sonst ablehne. Verloren sei ja der Einzelne, in diesem Fall Jesus, als persönlicher Träger seines bestimmten Werkes.

Die Logik dieses Arguments erhellt aus einer anderen Kette von Aussagen, die in dem Schlußsatz gipfeln: »Was dieses Buch ist und sein will, ist es nicht als ein Dokument historischer Erkenntnis, sondern als Zeugnis religiöser Apologetik« (Sp. 439). Was Lohmeyer bei Bultmann fehlt, ist nämlich nicht weniger als »die sachliche Klarheit wissenschaftlichen Erkennens« (Sp. 436). Solch ein Vorwurf gegenüber Bultmann erhoben klingt uns heute fast grotesk. Er hängt aber einerseits zusammen mit der bereits erwähnten Unsicherheit des Jesus-Buches; man konnte es eben seinerzeit lesen, und so las es Lohmeyer, als ein Buch, das »bleibende Giltigkeit« vermitteln wollte, also als »Wesen des Christentum« wie seine Vorlage von Harnack.

Andererseits steht hinter solchem Urteil natürlich Lohmeyers eigene Vorstellung von der »sachlichen Klarheit wissenschaftlichen Erkennens«. Er vermißt bei Bultmann die Definitionen, z.B. eine für »Reich Gottes«, damit aber auch die allgemeinen erkenntnistheoretischen Kategorien, sieht an ihrer Stelle nur Appelle, sieht den Existenzbegriff Bultmanns nicht abgesichert durch eine nicht bloß subjektive »Setzung« (Sp. 435). Dem entspricht, daß nach Lohmeyer Bultmann im Bereich der Ethik sich beschränkt auf die konkrete Lebenssituation, damit Ethik von geschichtlichen Zufälligkeiten abhängig mache. »Ist aber diese konkrete Situation nur gleichsam das Material, an dem gehandelt wird, welches ist alsdann die Norm, die dem Tun Giltigkeit verleiht?« (Sp. 437).

Auf die von Bultmann beschriebene Gotteslehre Jesu geht Lohmeyer nur kurz ein. Hier weiter auszuholen, hätte für Lohmeyer konsequenterweise bedeuten müssen, die Kategorien der Metaphysik entsprechend anzuwenden, wie er bei der Ethik die Kategorien von Norm und Material einsetzte. Er resümiert stattdessen: »Aber es zeigt sich auch hier, daß was er als geschichtlichen Sachverhalt der Verkündigung Jesu herauszuheben sich bemüht, nichts anderes ist als die Apologie des eigenen religiösen Verhaltens« (Sp. 437). Er anerkennt das als »persönliche Stärke dieses Buches«, die aber »zugleich auch seine wissenschaftliche Schwäche« sei (ebd.).

Das ist ein hartes Urteil. Man kann fragen, warum die ThLZ gerade Lohmeyer um diese Rezension gebeten und ihm so viel Raum gewährt hatte. Lohmeyer macht es sich aber nicht so einfach, Bultmann entweder als verkappten Pietisten oder als Heideggers Einfluß erlegen abzutun, wie spätere Kritiker. Er läßt vielmehr die eigentliche Auseinandersetzung folgen, in der sich »tiefere Unterschiede und

Gegensätze« (Sp. 437) erst wirklich zeigen. Das ist zunächst das bereits angesprochene Problem des Verhältnisses von »Person und Werk«. Unter der Frage der »Giltigkeit« geht es ihm offenbar um das Verhältnis von Persönlichkeit und Sache, von Einzelnem und Allgemeinem, »daß das Leben und Dasein dieses Trägers die einzig mögliche und einzig notwendige Repräsentation dessen sei, was Glaube heißt« (Sp. 438). Glaube ist, wie er schon vorher gegen Bultmann eingewandt hatte, so zu bestimmen: »Der Sachverhalt des Glaubens, der ein Jenseits immer setzt und setzen muß – sonst wäre er nicht *Glaube* – und es zugleich immer wieder aufhebt und als eigene Tat begreift – sonst wäre nicht *ich* es, der glaubt – dieser Sachverhalt ist in der unlöslichen Spannung seiner Momente (scil. von Bultmann) aufgehoben und jedes Moment romantisch isoliert und dogmatisiert« (Sp. 436). Das alte, auch Bultmann immer wieder bestimmende Problem der Einheit von Glaubensinhalt (*fides quae creditur*) und Glaubensvollzug (*fides qua creditur*) ist hier in ganz anderer Weise als bei Bultmann im Zusammenhang klassischer Metaphysik gelöst.

Lohmeyer konzentriert die Auseinandersetzung zum Schluß auf »das große Problem der Geschichte« (Sp. 438). Gemessen an der Wirkungsgeschichte gerade des Einleitungskapitels von Bultmanns Jesus-Buch »Die Art der Betrachtung« erstaunt, daß Lohmeyer dieses Problem geradezu vernachlässigt sieht: »das Bultmann in den einleitenden Worten seines Buches kurz streift« (Sp. 438). Schon vorher freilich hatte er sich anläßlich des Problems von Person und Werk darauf bezogen und erstmals eine Autorität gegen Bultmann aufgeboten, Max Weber. Nun aber bezieht er sich fast schulmeisterlich auf Ranke, den Vater oder zumindest Kronzeugen des Historismus und zitiert ihn mit dem Diktum: »Ich möchte mein Selbst auslöschen und die Dinge reden lassen« (Sp. 438), gegenüber Bultmanns »Art der Betrachtung«, nämlich der persönlichen Begegnung mit der Geschichte.

Zwar ist auch für Lohmeyer »die Frage nach dem Gegenstande der Geschichte ... eine der schwierigsten Fragen der Methodenlehre« (Sp. 438), aber er kehrt diese Erkenntnis gegen Bultmann, daß es dem nur noch um »das persönliche Erlebnis des Glaubens an und in der Geschichte« gehe, die korrekte Zitierung »persönliche Begegnung mit« der Geschichte ersetzend durch »das persönliche Erlebnis des Glaubens an und in der Geschichte«, es also allein in die subjektive Erfahrung der Gegenwart versetzend.

Lohmeyer bestreitet Bultmanns Buch im Ergebnis jeglichen wissenschaftlichen Wert: »Aber es ist auch der prinzipielle Fehler dieses Buches, daß es Gesichtspunkte des Glaubens zu Invarianten der wissenschaftlichen Forschung machen will« (Sp. 439). Die heutige Bultmann-Rezeption, die auf dessen abgeschlossenes Werk zurücksehen kann, mag es leicht haben, solche Kritik zu widerlegen oder zu ignorieren. Sie kann insbesondere darauf verweisen, daß Bultmann im Jesus-Buch ja keineswegs das »Werk« Jesu, also eine Soteriologie, beschreiben wollte, schon gar nicht das »Wesen des Christentums« anhand der Verkündigung Jesu, auch darauf, daß Bultmann bereits 1925 Theologie definiert hatte als »begriffliche Darstellung der Existenz des Menschen als einer durch Gott bestimmten«.[50] Vermutlich kannte Lohmeyer diesen Aufsatz Bultmanns. Suchte er danach im Jesus-Buch vergeblich?

Eindeutig wird dies aber alles erst später, wenn Bultmann in seiner »Theologie des Neuen Testaments« Jesus entsprechend dem 1925 genannten Kriterium für Theologie nur unter den »Voraussetzungen« sehen wird. Noch später dann gesteht Bultmann 1960 auch Jesus Theologie zu, nun unter dem Kriterium der existentialen Interpretation und nur unter dieser Bedingung, in seiner Zusammenfassung der neuen Frage nach dem historischen Jesus, in gewisser Weise sein Jesus-Buch von 1926 rehabilitierend[51]

---

50 In dem in Anm. 44 genannten Aufsatz S. 272.
51 Das Verhältnis der urchristlichen Christusbotschaft zum historischen Jesus, abgedruckt in: Exegetica (s.o. Anm. 45), S. 445–469.

Was aber bringt dies alles für eine Würdigung des Werkes von Ernst Lohmeyer? Er sah wie Bultmann die Notwendigkeit, über die historische Theologie des 19. Jahrhunderts hinauszukommen, ohne deren Erbe zu verleugnen. Wie Bultmann ging es ihm um das Problem »Glaube und Geschichte«, das gerade angesichts des vom 19. Jahrhundert hinterlassenen Erbes historischer Arbeit formuliert werden mußte. Er drang auf eine Klärung im Rahmen einer Philosophie, die das Problem von Subjekt und Objekt zu bewältigen versuchte, während seiner Ansicht nach für Bultmann dieses Problem in der Subjektivität des individuellen religiösen Bewußtseins aufgehoben werden sollte.

Es gibt keine der Bultmann-Rezeption vergleichbare Aufarbeitung des theologischen Erbes Ernst Lohmeyers, durch die geklärt werden könnte, was Lohmeyers Werk für diese grundlegenden Fragen bedeuten könnte. Erik Eskings Monographie zielte zu sehr auf eine Würdigung Lohmeyers gegenüber der Theologiegeschichte des 19. Jahrhunderts und konnte noch nicht die Probleme der Folgezeit einbeziehen, die durch Bultmann ausgelöste Frage der Entmythologisierung und die neue Frage nach dem historischen Jesus. Zu letzterer ist jedoch Lohmeyers Frage nach dem »Werk« Jesu nach wie vor aktuell, zur Frage der Entmythologisierung hat Lohmeyer noch einen Beitrag geleistet, auf den zurückzukommen sein wird. Doch zunächst ist Lohmeyers Rezension von Bultmanns Jesus-Buch die gleichzeitige Kritik eines Buches von Lohmeyer durch Bultmann gegenüberzustellen.

VII.

1925 war Ernst Lohmeyers schmales Buch »Vom Begriff der religiösen Gemeinschaft« erschienen, 86 Seiten, der dritte Band einer von Richard Hönigswald im Teubner-Verlag Leipzig herausgegebenen Reihe »Wissenschaftliche

Grundfragen«[52]. Die bis dahin vorliegenden Titel »Das Naturgesetz« und »Über die Entwicklung der Begriffe des Raumes und der Zeit und ihre Beziehungen zum Relativitätsprinzip« wie die angekündigten weiteren zeigen den weitgesteckten und anspruchsvollen Rahmen, in dem das Buch zu sehen ist.

Bultmanns verhältnismäßig umfangreiche Rezension ist im Ergebnis nicht weniger ablehnend als umgekehrt Lohmeyers über Bultmanns Jesus-Buch[53]. Ich konzentriere die Darstellung der Auseinandersetzung auf die im Umkreis von »Glaube und Geschichte« bereits angesprochenen Probleme. Damit setzt Bultmann auch gleich ein: Lohmeyer entwickle »in seiner kurzen, inhaltreichen und geistvollen Schrift eine Art christlicher Geschichtsphilosophie« (66). Er wolle nämlich an der urchristlichen Gemeinschaft zeigen, was religiöse Gemeinschaft überhaupt sei, verstehe »urchristliche Gemeinschaft als einen ‚Fall' religiöser Gemeinschaft überhaupt« (ebd.). »Vorgegeben sind ihm also die Kategorien ...; der Wissenschaftsbegriff des Verf. ist also der traditionelle, letztlich auf das Griechentum zurückgehende, wonach das Wesen der einzelnen Erscheinung durch ihre Teilhabe am Allgemeinen konstituiert und demgemäß auch erkannt wird« (ebd.). Bultmann meint, er könne dem nicht »eine ebenso geschlossene Anschauung gegenüber ... stellen, empfinde(t) jedoch stärker als er die Problematik des geschichtlichen *Verstehens*, in der wir stecken« (ebd.).

Bultmann spart im folgenden nicht mit Lob für Ansätze und Einzelbeobachtungen, doch sieht er sich jeweils enttäuscht über die Durchführung, die immer wieder »von einer rationalistischen bzw. idealistischen Außenbetrach-

---

52 Vgl. auch seinen Aufsatz: Von urchristlicher Gemeinschaft, ThBl 4, 1925, Sp. 135–141.
53 Die Rezension erschien: ThBl 6, 1927, Sp. 66–73; merkwürdigerweise ist sie in der Bibliographie: In memoriam Ernst Lohmeyer (s.o. Anm. 2) S. 369, unter Lohmeyers eigenen Aufsätzen aufgeführt.

tung« (67) ausgehe, sich nicht auf die »konkrete faktische Geschichte« (68) einlasse. Fiktiv läßt er Lohmeyer einwenden, »daß er aber eben diese Anschauungen verständlich machen, deuten wolle. Es stecke eben hinter ihnen ein Sinn, der erst herausgeholt werden müsse« (ebd.). Bultmann entgegnet, daß Lohmeyer »sie im Sinne einer an Hegel gebildeten Geschichtsphilosophie interpretiert« (ebd.). Er kritisiert die Definition des Glaubens als »Gewißheitswert« (69), »der als allgemeines Prinzip der Sinngebung (Gewißheitsbegründung) verstanden« sei (ebd.). Gegen Lohmeyers Verbindung von Person und Werk Jesu wendet er ein: »In Wahrheit ist, wenn eine historische Person als Verkörperung eines Prinzips ausgegeben wird, damit ihre eigene Geschichtlichkeit preisgegeben« (70).

So kommt Bultmann zu einer ersten Zusammenfassung: »Überall die gleiche Originalität und Feinheit, überall die gleiche Willkür, die gleiche Umdeutung der urchristlichen Theologie in Geschichtsphilosophie mittels der idealistisch verstandenen Begriffe von Wahrheit, Geschichte und Zeit. Äußerlich wird das daran immer mehr sichtbar, daß die Analysen immer weniger ihren Ausgangspunkt vom Tatbestand der Überlieferung nehmen und vielmehr von systematischen Fragestellungen ausgehen. Die Textworte des N.T. erscheinen dann nur noch als geistreiche Illustration in überraschender Beleuchtung« (ebd.). Danach spitzt er die Auseinandersetzung zu auf »das Problem, wie sich Geschichte und Glauben zu einander verhalten« (71), und zeigt erneut Lohmeyers Verflechtung in die Philosophie Hegels und letztlich des Platonismus. Hatte er am Beginn Kierkegaard gegen Lohmeyer aufgerufen (66), so nun Gogarten.

Alles läuft darauf hinaus: »Der Verf. treibt keine Theologie, sondern vielleicht Philosophie. Er ist jedenfalls einer bestimmten Denkweise der philosophischen Tradition verfallen« (73). Wieder läßt er Lohmeyer einen Einwand machen: »Wird er mir etwa vorwerfen, ich sei eben einer anderen Philosophie verfallen?« (ebd.)⁵⁴, meint aber, einen solchen Vorwurf ertragen zu können, wenn diese andere Philosophie verstanden ist, »als kritische Wissenschaft vom *Sein* d.h. als Wissenschaft, die alle positiven Wissenschaften, die vom *Seienden* handeln, auf ihre Begriffe vom Sein hin zu kontrollieren hat« (ebd.), die Philosophie der Existentialontologie⁵⁵. Es steht für Bultmann nicht eine Philosophie gegen eine andere, sondern Lohmeyers Fehler sei, »daß er nicht die kritische Frage nach den Möglichkeiten, die menschliche Existenz zu verstehen, stellt, sondern *eine* solche Möglichkeit kennt, die idealistisch-platonische« (ebd.).

Diese Rezension, ebenso fair wie die Lohmeyers, zeigt, daß es beiden in der Tat um dasselbe Problem geht, das später Lietzmann beiden gegenüber als Problem einer Wissenschaftssprache mißverstanden hat. »Der Verf. sieht sehr deutlich, daß es nicht genügt, die Begriffe seiner Quellen ‚historisch-philologisch', d.h. aus dem kausalen geschichtlichen Zusammenhang ihres Vorkommens zu erklären, sondern daß eine wirkliche Erklärung nur gegeben werden kann, wenn die Begriffe aus den in ihnen gemeinten Sachverhalten verstanden werden, also in diesem Falle: wenn die Begriffe, die eine religiöse Gemeinschaft beschreiben, aus ihrem Ursprung in der Erfassung der menschlichen Existenz selbst verstanden werden« (ebd.)⁵⁶.

---

54 Lohmeyer hatte freilich in seiner Rezension Bultmann keinen Bezug auf eine Philosophie zugestanden.
55 Bultmann hat seit 1926 eine zunächst unter dem Titel »Einführung in das Theol. Studium«, ab 1928 als »Theologische Enzyklopädie« angekündigte Vorlesung gehalten, die in ihren verschiedenen Fassungen 1984 von Eberhard Jüngel und Klaus W. Müller herausgegeben worden ist. Bultmann selber hatte freilich nie eine vom Verleger gewünschte Druckfassung hergestellt. Vielleicht ist das Programm einer *theologischen* Enzyklopädie, auch nur relativiert auf eine Enzyklopädie der Theologie, von einem solchen Ansatz her eben nicht mehr zu leisten.
56 Vgl. dazu den 1952 veröffentlichten Aufsatz Bultmanns: Formen menschlicher Gemeinschaft, in: Glauben und Verstehen II, ²1958,

Das gesteht Bultmann Lohmeyer zu; Lohmeyer jedoch hat zu diesem Zeitpunkt noch nicht wirklich erkannt, daß es Bultmann ebenso um diese Frage ging. Aber das lag vielleicht auch daran, daß Bultmann nicht genügend klar werden ließ, daß sein Jesus-Buch eben nicht von der Soteriologie, dem Werk Jesu, handeln sollte[57]. Strittig bleibt jedoch, was Philosophie für Theologie leisten kann, ob nur »Analyse der alltäglichen, traditionellen Begriffsbildung«, wie Bultmann (73) behauptete, oder ob es um eine allgemeine »Prinzipienlehre« geht, wie Lohmeyer Lietzmann entgegnet hat.

VIII.

Eine der letzten öffentlichen Äußerungen Ernst Lohmeyers war eine Auseinandersetzung mit dem von Bultmann aufgeworfenen Problem der Entmythologisierung. Lohmeyer kam 1944 noch einmal nach Breslau zurück und hielt dort am 9. Januar einen Vortrag über »Die rechte Interpretation des Mythologischen«[58]. Anlaß war eine Bitte — vermutlich aus der Bekennenden Kirche —, »über das Problem der Entmythologisierung der neutestamentlichen Verkündigung, das vor einem Jahre Rud. Bultmann in einem Aufsatz

---

S. 262–273. Bultmann geht hier aus von Texten der Literatur, nicht von philosophischen oder soziologischen Analysen, nimmt sie also als vom Menschen erfahrene Formen, nicht von ihm konstituierte; anders als Lohmeyer interessiert ihn aber nicht speziell »religiöse« Gemeinschaft, sondern »menschliche«, deren Bestimmungen aus dem persönlichen Erfahrungshorizont gewonnen sind.

57 In dieser Zeit fällt ja auch erst die Begegnung mit Martin Heidegger und damit die begriffliche Ausformung der Existentialphilosophie. Vorausgegangen waren eher unsystematische Rekurse auf Kierkegaard, Dostojewskij u.a.

58 Abgedruckt in: Kerygma und Mythos I, hg. von Hans Werner Bartsch, ThF 1, ²1951, S. 139–149.

aufgeworfen hat, ... zu sprechen« (139)[59]. Lohmeyer anerkennt darin Bultmanns Ansatz durchaus als konsequente Lösung der Theologie von der Philosophie des Idealismus: »Er kämpft für die Unverfälschtheit der neutestamentlichen Botschaft, aber er kämpft auch für die Klarheit des wissenschaftlichen, insbesondere des theologischen Denkens. Nur heißt das Losungswort, um es überspitzt zu formulieren, nicht mehr Phänomenologie des Geistes, wie Hegel es nannte, sondern Phänomenologie der Existenz nach Kierkegaards Vorbild. Freilich fällt nun auch der Gedanke des neutestamentlichen Mythus wie eine leere und unnütz gewordene Hülse zu Boden wie in den frühen Zeiten der Aufklärung; denn die Existentialphilosophie fragt eben nach dem Menschen, der Mythus verkündet von Gott und Göttern« (139f.).

Damit ist die These des ganzen Vortrags bereits vorweg genannt. Der Mythus ist *die* angemessene Sprache von Religion überhaupt, da es ihm um die Welt und den Menschen, vor allem aber um Gott geht. So kann »Entmythologisierung« sich zwar historisch auf Randphänomene beziehen, nicht aber auf die neutestamentliche Botschaft insgesamt, vielmehr gilt es, »den Mythus als die Art zu begreifen, in der Gott sich offenbart« (144). Lohmeyer wendet sich also gerade gegen den zweiten Teil von Bultmanns Programm, die existentiale Interpretation des Mythus und der urchristlichen Verkündigung. Ihm scheint, »als ob die Existentialphilosophie nichts als eine säkularisierte christliche Theologie sei, säkularisiert insofern, als sie unzulässig von dem Gedanken und der Tatsache der gläubigen Setzung abstrahiert, der allen theologischen Aussagen das Gewicht einer ‚existentiellen' Wirklichkeit gibt« (146).

Aufgabe der Theologie ist zwar die historische Interpretation des Mythus, doch: »Wie an dem Tage, der ihn schuf, gilt

---

[59] Bultmanns Aufsatz war freilich bereits 1941 erschienen. Da Lohmeyer erst 1943 aus dem Krieg zurückkehrte, ist es wenig wahrscheinlich, daß sein Manuskript schon 1942 zu datieren ist. Vermutlich handelt es sich um ein Versehen des Herausgebers.

es den Mythus aus seinen sachlichen und geschichtlichen Möglichkeiten neu zu schaffen und ihn zugleich in seiner Form und seinem Gehalt neu zu bestimmen, abzuschaffen was aus erstorbenen Möglichkeiten entstand, und umzuschaffen, was aus bleibenden und gebliebenen Möglichkeiten wahr und lebendig ist« (147). Noch einmal, wenn auch fragmentarisch, wird hier der Gegensatz zwischen beiden auf dem Grund einer gemeinsam verfolgten Aufgabe sehr deutlich.

IX.

Schwieriger als anfangs gedacht stellte sich die Annäherung an Ernst Lohmeyers Werk dar. Ausgangspunkt der Überlegungen war seine erstaunlich große Präsenz in der gegenwärtigen Forschung, aber nur fragmentiert, nicht als Gesamtleistung. Der Weg, über den bekannten Bultmann den unbekannten Lohmeyer zu suchen, hat daran nicht viel geändert. Aber es ist klar geworden, daß Lohmeyers theologische Exegese vielleicht die einzige von Bultmann respektierte, wenn auch verworfene Alternative gewesen ist, die mit gleicher Dringlichkeit auf ein aneignendes Verstehen des Neuen Testaments aus war, sich nicht mit einer historischen Rekonstruktion seiner Vorstellungen begnügen wollte.

Beide haben auf je ihre Weise gearbeitet an den Problemen, die in den ersten Jahrzehnten nach dem Zweiten Weltkrieg nicht nur die neutestamentliche Exegese, sondern die evangelische Theologie in Deutschland insgesamt bestimmten, die Frage der Hermeneutik und die Frage der theologischen Bedeutung des historischen Jesus. Ernst Lohmeyers Lebenswerk ist zu diesem Zeitpunkt gewaltsam abgebrochen worden, und er hat seine Ansätze nicht mehr in den folgenden Debatten entfalten können. Es ist müßig zu überlegen, was er wohl dazu beigetragen hätte, nicht aber, wo er vielleicht zu Unrecht vergessen worden ist.

Wir sahen, daß Lohmeyer auf die Einheit von Person und Werk Jesu drang, während Bultmann das »Werk«, also die bleibende Heilsbedeutung, ganz und allein unter Absehung vom »historischen Jesus« mit dem »kerygmatischen Christus« verband. Auf die Dauer ließ sich diese Position nicht halten, sondern seine Schüler und zögernd auch Bultmann selbst gaben dem historischen Jesus wieder eine Theologie stiftende Bedeutung. Die Folge war, daß aus dem »Werk« Jesu seine »Wirkung«, schließlich sein »Verhalten« als normative Vorgabe für gegenwärtiges Christentum geworden ist. Es würde lohnen, hier noch einmal Lohmeyer in Erinnerung zu rufen, daß nämlich die Beziehung zwischen dem Individuellen und dem Allgemeinen nicht beschränkt werden kann auf ethische Impulse, sondern prinzipieller gedacht werden muß.

Erschwert ist solche Erinnerung freilich durch Lohmeyers von ihm selbst behaupteten, von Bultmann und anderen kritisierten Rückbezug auf die philosophischen Traditionen des deutschen Idealismus. Wo in der Nachkriegszeit in der Systematischen Theologie daran angeknüpft worden ist, ist m.W. Lohmeyer ebenso übersehen worden wie sein philosophischer Partner Richard Hönigswald.

Lohmeyer hat aber bis in seinen Entmythologisierungs-Vortrag hinein festgehalten, daß es in der Theologie um die Dreiheit von Gott, Welt und Mensch der klassischen Metaphysik zu gehen habe, nicht nur um das Verhältnis von Mensch und Gott, wobei dann »Welt« nur noch unter dem Gesichtspunkt der »Entweltlichung« gesehen ist. Die neuere Theologie und zumal die neutestamentliche Exegese war schlecht vorbereitet auf die unter verschiedenen Gesichtspunkten aufbrechende Frage nach »Welt« als Thema der Theologie. Bedeutete »Welt« nicht mehr etwas dem Menschen Vorgegebenes, sondern nur etwas von der Subjektivität Wahrgenommenes, konnten Fragen der Soziologie oder der Ökologie nicht aufgenommen werden.

So bündelt sich eigentlich alles noch einmal in dem, was die Kontroverse mit Lietzmann angezeigt hatte, die Frage der Hermeneutik der Wissenschaft. Lietzmann lobte Bultmann dafür, daß er zu trennen wisse zwischen historischer und systematischer Arbeit. In der Tat hat er 1933 den Sammelband »Glauben und Verstehen« vorgelegt mit Aufsätzen systematisch-theologischer Art, dies im zweiten Band fortgesetzt, und auch in den beiden folgenden überwiegen diese noch. Erst 1967 hat Erich Dinkler dann unter dem Titel »Exegetica« die eigentlich historisch-exegetischen zusammengestellt.

Ernst Lohmeyer hingegen hat sehr viel direkter versucht, exegetische Arbeit als systematisch-theologische zu betreiben, und zwar im Zusammenhang der klassischen Metaphysik. Seine »Grundlagen der paulinischen Theologie« von 1929, d.h. Prinzipien, nicht etwa nur Voraussetzungen, sind vermutlich das Dokument eines Scheiterns an dieser Aufgabe. Vielleicht könnten auch sie aber insgesamt neu entdeckt werden als Aufgabenstellung für eine Vermittlung urchristlicher Theologie, nicht nur in einzelnen ihrer Gedankengänge.

Ernst Lohmeyers exegetisches Erbe – ein unabgeschlossenes Werk also, das fortwirkt, ohne als ganzes erschlossen zu sein, ein exegetisches Erbe, das Grundfragen in Erinnerung rufen könnte zum Nutzen der Theologie.

GÜNTER HAUFE

»Ernst Lohmeyer – Theologische Exegese aus dem Geist des philosophischen Idealismus«*

Der bekannte theologische Umbruch nach dem ersten Weltkrieg schlug sich auch in der exegetischen Arbeit nieder. So gewiß die historische, insbesondere die religionsgeschichtliche Analyse der Texte weitergeführt wurde, trat doch zunehmend das Interesse an der »Aussage«, an der »Sache« der Texte in den Vordergrund. Synthese und nicht Analyse war das letzte Ziel. Solcherart akzentuierte »theologische Exegese« gab sich bald mehr »positiv«, bald mehr »dialektisch«. Eine dritte, ganz eigene Gestalt nahm sie in dem Werk von Ernst Lohmeyer an, dessen 100. Geburtstag am 8. Juli Anlaß genug ist, dieses namhaften, vielfach fast schon vergessenen Theologen würdigend zu gedenken, umso mehr, als solches Gedenken jahrzehntelang an unserer Universität offiziell nicht möglich war. Als ein Einzelgänger und ein im Grunde Einsamer ist Ernst Lohmeyer seinen Weg gegangen, bis in die Stunde seines tragisch-bitteren Endes.

Am 8. Juli 1890 als viertes unter neun Kindern in einem westfälischen Dorfpfarrhaus geboren, besuchte Lohmeyer, dem schon der Unterricht beim Vater »unbeschreibliches Vergnügen« bereitet hatte, das Gymnasium in Herford, um

---

* Aus: Gedenkvortrag zum 100. Geburtstag Ernst Lohmeyers am 8. Juli 1990 vor der Theologischen Fakultät der Ernst-Moritz-Arndt-Universität, Greifswald.

anschließend in Tübingen, Leipzig und Berlin Theologie, Philosophie und orientalische Sprachen zu studieren. Aus einer 1909 eingereichten Preisarbeit zum Begriff »Diatheke« erwuchs seine 1912 bei Adolf Deißmann vorgelegte Lizentiatenarbeit. Schon hier begegnet für Lohmeyer Charakteristisches. Ein Platozitat (Rep. 3, 394d) beschreibt die letzte Zielstellung: »wohin auch immer der Logos, gleichsam den Geist trägt, dorthin muß man gehen.«

Nicht um Zitatensammlung gehe es, sondern um »Gedankenerfassung«; höchste Pflicht des Exegeten sei es, »daß alle Gedanken, die in einem Worte sich zusammenfassen, klar und scharf erfaßt und dargestellt werden« (S. 2). Anfang 1914 folgte die Promotion zum Dr. phil. in Erlangen mit einer Dissertation über »Die Lehre vom Willen bei Anselm von Canterbury«. Nach der Kriegsdienstzeit erwarb er im Herbst 1918 die Venia legendi in Heidelberg und begann, als Privatdozent neben Martin Dibelius zu wirken, dem er schon in Berlin begegnet war. 1921 erhielt er den Dr. theol. h.c. von Berlin und war von diesem Jahr an bis 1935 in Breslau als Lehrstuhlinhaber tätig, ehe dann die bekannte Strafversetzung nach Greifswald wegen »antinationalsozialistischer Haltung und Betätigung« erfolgte.

Lohmeyer fand in diesen Breslauer Jahren den ganz eigenen Stil seiner exegetisch-theologischen Arbeit. Er war geprägt von dem Hintergrund einer philosophisch begründeten Wissenschaftssystematik, zu der Hoenigswald mit seinem Insistieren auf transzendente Werte wesentliche Anstöße gab. Kritiker gerade von Lohmeyers frühen Arbeiten haben immer wieder und gewiß mit Recht auf platonisierende bzw. idealistische Elemente seiner Interpretation hingewiesen. Natürlich führte auch er die philologische und historische Arbeit aus der liberalen Tradition weiter, aber recht eigentlich ging es ihm um die »Sache« der Texte, um das »Wesen« der historischen Phänomene. Im historisch Bedingten das wesenhaft Unbedingte, im Wort den funktional vom Urteil her verstandenen Begriff, im Endgeschichtlichen das Übergeschichtliche aufzuspüren und so das Urchristentum letztlich als eine große Einheit zu verstehen – darum war er leidenschaftlich bemüht. Er wollte an F.C. Baur und L.v. Ranke anknüpfen. Seine Methode nannte er selbst »kritisch-historisch«. Sie erlaubte ihm, sich betont von einem gläubigen Dogmatismus wie von einer religionsgeschichtlich begründeten Skepsis abzugrenzen. Man geht sicher nicht fehl, wenn man von einer theologischen Exegese aus dem Geist der philosophischen Idealismus bei Lohmeyer spricht.

Ein Zweites kam hinzu. Dieser philosophische, immer auf das Prinzipielle und nicht auf das Existentiale dringende Ansatz verband sich innig mit einem künstlerisch inspirierten intuitiven Einfühlungsvermögen, das seine exegetischen Darlegungen zusätzlich nicht selten über herkömmliche Grenzen hinausführte. Lohmeyer war von hoher Musikalität; er entspannte sich beim Klavierspiel, am liebsten vierhändig mit der Tochter. Er konnte auf Wunsch tiefgründig Hölderlin interpretieren und versuchte sich an der Übertragung französischer Symbolisten. Die formstrenge, hymnische Dichtung seines westfälischen Landsmannes Stefan George stand ihm jahrelang sehr nahe. Es verwundert nicht, daß Rezensenten mehrfach auf seinen expressionistischen Stil und insbesondere auf seine Nähe zu Stefan George hinwiesen. Sein ausgeprägtes Interesse an Zahlen- und Strophenelementen im Neuen Testament dürfte von daher bedingt sein. Wer ausschließlich logische Konsequenz der Sätze erwartete, konnte seine Sprache nicht selten als »schillernd« empfinden. Tatsächlich erschließt sich dem Leser von Lohmeyers Arbeiten das im Text Gemeinte oft erst nach mehrfachem Lesen. H. Lietzmann als Vertreter der älteren Generation reichte ihm 1931 einen für die ZNW eingereichten Aufsatz mit dem Bemerken zurück, hier sei »die gesunde historische Methode« verlassen. Und schon 1929 hatte er zu dem Buch »Grundlagen paulinischer Theologie« brieflich geäußert, er habe »nichts davon verstanden« und die

Sprache sei ihm »unverständlich«. Der Systematiker Horst Stephan stellte zweifellos zutreffend fest, daß kein anderer Neutestamentler in seiner Arbeit so stark künstlerisch bestimmt war wie Lohmeyer (Geschichte der prot. Theologie). Darin ist seine Größe, aber auch seine Grenze begründet. Lohmeyer hatte nie einen großen Schülerkreis, obgleich er druckreif reden konnte, obgleich er auf die Studenten stets ausgeglichen und ausgleichend, stets sachlich, tolerant und vornehm wirkte.

Neben zahlreichen Zeitschriftenaufsätzen belegt eine Vielzahl von selbständigen Publikationen die Weite und Intensität der wissenschaftlichen Arbeit Lohmeyers. Schreiben war ihm eine innere Notwendigkeit. Nach Studien zu »Christuskult und Kaiserkult« und der Akademieabhandlung »Vom göttlichen Wohlgeruch« (beide 1919) schrieb er auf dem Hintergrund der sozialen Spannungen der Nachkriegsjahre für einen weiteren Leserkreis über »Soziale Fragen im Urchristentum« (1921). Als letzter Grund des »Evangeliums Jesu« wird ein religiöser »Liebesakosmismus« benannt (S. 66). Das erinnert an verwandte Äußerungen bei Martin Dibelius (Geschichtliche und übergeschichtliche Religion im Christentum 1925). Wesentliche methodische und sachliche Anliegen kommen in der wichtigen Arbeit »Vom Begriff der religiösen Gemeinschaft« (1925) zur Sprache. Sie ist der Versuch, die Zeugnisse der urchristlichen Gemeinschaft im Horizont einer wissenschaftlichen Religionsphilosophie auf ihren »unwandelbaren sachlichen Gehalt« hin zu interpretieren. Glaube wird als »das Erleben eines höchsten ... schlechthin und grundsätzlichen, bedingungslosen Gewißheitswertes« definiert (S. 22). Für das Handbuch zum Neuen Testament kommentierte Lohmeyer »Die Offenbarung des Johannes« (1926). Sie ist ihm ein nach Form und Inhalt einheitliches, durch die Siebenzahl bis ins einzelne gegliedertes Kunstwerk, das er in freie Rhythmen überträgt. Platonisierend klingt die Interpretation der Eschatologie; sie ist »bildhafte Verendzeitlichung zeitlosen

Glaubenssinnes« (S. 200), wobei der mit dem vierten Evangelisten identische Apokalyptiker zum »Logos« den »Mythos« hinzufügt (S. 202). Die Akademieabhandlung »Kyrios Jesus« (1928) arbeitete erstmalig und für die Forschung durchschlagend den Christushymnus Phil 2,6—11 als selbständiges vorpaulinisches Traditionsstück heraus, genauer als einen judenchristlichen, in der eucharistischen Liturgie verankerten Psalm, der eine Menschensohn- und Gottesknecht-Christologie vertritt. Im Kritisch-exegetischen Kommentar übernahm Lohmeyer die Bearbeitung des Philipperbriefes (1928) sowie des Kolosser- und des Philemonbriefes (1930), wobei der Philipperbrief durchgehend als Märtyrerepistel verstanden wird. H. Windisch rühmte die theologische »Tiefenschau« gerade dieses Kommentars, fragte aber doch, ob auch Paulus schon diese Tiefe geschaut habe. Die »Grundlagen paulinischer Theologie« (1929) sind wohl das am schwierigsten zu lesende Buch Lohmeyers, von dem er später selbst meinte, daß er es wohl noch einmal schreiben müsse. Paulus ist Zeuge für »das Ringen um die metaphysische Bestimmtheit des Glaubens« (S. 112), für den Christus »die angemessene Verkörperung letzter Prinzipien« ist (S. 82). Gerade in diesem Buch fällt die häufige Verwendung des Adjektivs »metaphysisch« auf. Sie zeigt an, daß der Glaubensbegriff nicht von persönlicher Erfahrung geprägt ist, sondern auf eine objektive Bestimmtheit zielt. Am Ende erscheint Paulus »gleichsam als die mächtigste Verkörperung eines urchristlichen Pharisäismus« (S. 232). Von dem groß angelegten Plan einer siebenteiligen Darstellung des Urchristentums erschien 1932 »Johannes der Täufer«. Wichtig am Täufer ist, daß er bereits »an der Schwelle« steht (S. 105), daß er ein kultisch begründetes Judentum aus seinen eigenen letzten Voraussetzungen »grundsätzlich überwunden« (S. 172), noch mehr: »daß er sich von allen geschichtlichen Gegebenheiten losgelöst hat und zum reinen Ausdruck göttlichen Wirkens geworden ist« (S. 177). Gut expressionistisch heißt es abschließend von ihm, er habe

»sich in die lautere Unendlichkeit einer jenseitigen Herrlichkeit Gottes gestürzt, um in ihr den einzigen Ort seines Wohnens zu suchen« (S. 178).

Nach der Strafversetzung nach Greifswald zog sich Lohmeyer ganz aus der Öffentlichkeit zurück. Hatte er sich in Breslau an den akademischen Gottesdiensten beteiligt – der Privatnachlaß im Geheimen Staatsarchiv in Berlin-Dahlem enthält Predigtmanuskripte –, so jetzt nicht mehr. Neben der auf wenige Studenten beschränkten Lehrtätigkeit konzentrierte er sich ganz auf die Kommentierung des Markusevangeliums für den Kritisch-exegetischen Kommentar. Als Vorarbeit erschien 1936 »Galiläa und Jerusalem«, der höchst anregende und eine anhaltende Diskussion auslösende Versuch, das Nebeneinander zweier konkurrierender Urgemeinden in Galiläa (Menschensohn-Christologie) und Jerusalem (Messias-Christologie) nachzuweisen. 1937 lag dann der Markus-Kommentar vor, ohne Zweifel die Krone von Lohmeyers exegetischen Arbeiten. Insgesamt sieht er das Markusevangelium geographisch, sachlich, katechetisch und zahlenmäßig strukturiert (S. 8). Jeweils drei Überlieferungsstücke schließen sich zu einer größeren Einheit zusammen. Die ältesten Teile des Evangeliums stammen aus der Tradition der jesusgläubigen galiläischen Anawim, die die Parusie des Menschensohnes erwarten. »Äußerlich gesprochen« erscheint Jesus als »der Stifter einer Armenbewegung«, »die nach Art einer Sekte aus dem Boden des Judentums erwächst«; recht eigentlich aber war er »der göttliche Meister«, der den Frommen den neuen Weg bis an die Tür des Gottesreiches weist (S. 218). Nicht erst die Gemeinde, sondern schon Jesus selbst verstand sich als der zum Leiden bestimmte, aber jetzt noch verborgene Menschensohn (S. 170). Von ihm gilt: »der Menschensohn wohnt in dem apokalyptischen Geheimnis Seines menschlich-göttlichen Wesens« (S. 166). Es ist die Einheit von Menschensohn und Gottesknecht, die Lohmeyer schon als die Christologie des Christushymnus von Phil 2 herausgearbeitet hatte. Auf den

Markus-Kommentar sollte als gewisser Abschluß der synoptischen Arbeiten ein Matthäus-Kommentar folgen. Aus den Vorarbeiten dazu riß Lohmeyer die Einberufung als Reserveoffizier. Im Winter 1939/40 konnte er dennoch in Uppsala Gastvorträge zum Problem »Kultus und Evangelium« in der Geschichte Jesu halten, die 1942 überarbeitet im Druck erschienen. Ihr Ergebnis: mit der Mahlfeier der »galiläischen« Urgemeinde ist »der Anfang eines neuen, eines christlichen Kultus gelegt, der alle bisherigen Kulte aus seiner eschatologischen Heiligkeit übersieht und überwindet« (S. 128). Als Vorarbeit für den Matthäus-Kommentar war die Studie »Gottesknecht und Davidsohn« (1945) gedacht, die zwei frühe, bald überholte christologische Titel untersucht. Vor allem aber ist es die tiefdringende Auslegung des Vaterunsers, die in der Kriegszeit entstand (im Druck 1946) und die schicksalhaft Lohmeyers theologisches Testament werden sollte. »Den ursprünglichen Gehalt des Vater-unsers im einzelnen wie im ganzen nach seinen geschichtlichen und sachlichen Gründen zu bestimmen« (S. 6), war die Aufgabe, der sich Lohmeyer fern der Heimat stellte. Typisch für ihn auch in dieser letzten größeren Arbeit das Nebeneinander von »geschichtlichen und sachlichen Gründen«! Mit Tertullian interpretierte Lohmeyer das Gebet als breviarium totius evangelii (S. 212).

Nach dem Tod von Professor Deißner im November 1942 drang die Universität auf die Freistellung vom Militärdienst. Am 28.4.1943 kehrte Lohmeyer, zunächst urlaubsweise, nach Greifswald zurück, seelisch und körperlich angeschlagen. Am 16.11.1943 wurde er als Hauptmann aus dem aktiven Wehrdienst entlassen. Er erholte sich allmählich und konnte im Januar 1944 in Breslau einen viel beachteten Vortrag zu der durch Rudolf Bultmann 1941 ausgelösten Entmythologisierungsdebatte halten (Kerygma und Mythos I 139–149): »Die rechte Interpretation des Mythologischen«. Lohmeyer anerkannte die Aufgabe der Entmythologisierung, lehnte aber die existentiale Interpretation Bultmanns ab. Entmythologisieren bedeutet ihm, »die Sache des Neuen Testaments aus der Sprache des Mythos in die der Wissenschaft umsetzen« bzw. »den bleibenden Wahrheitsgehalt« der mythischen Sachverhalte zu »befestigen« und gerade so das Mythische als geschichtlich gegebenen Ausdruck stehen zu lassen (S. 145). Was das konkret bedeutet, kommt freilich nicht so klar heraus, wie man sich das wünschte. Noch einmal zeigt sich die Eigenart Lohmeyers, das Gemeinte oftmals mehr umschreibend zu verdeutlichen als begrifflich präzis zu definieren. Das ist nicht Ausdruck eines Unvermögens, sondern offenbar für Lohmeyer erkenntnistheoretisch durch die Sache selbst bedingt.

Im April 1945 beteiligte sich Lohmeyer an den Vorbereitungen für die kampflose Übergabe Greifswalds und übernahm auf Vorschlag der Greifswalder und mit Zustimmung der sowjetischen Behörden am 15. Mai das Amt des *rector designatus,* um sich fortan ideenreich und leidenschaftlich und mit der für ihn schon immer charakteristischen Arglosigkeit für den Aufbau einer freiheitlichen Universität einzusetzen. Allerseits schlug ihm Vertrauen entgegen in der Stadt, die manche damals »Jung-Weimar« nannten. Bald wurde er auch in die Kirchenleitung und zum Konsistorialrat im Nebenamt berufen. Anders als mit der Sowjetischen Militäradministration in Berlin-Karlshorst und mit der Deutschen Zentralverwaltung für Volksbildung in Berlin gestaltete sich das anfangs ebenfalls gute Verhältnis zur Landesverwaltung von Mecklenburg-Vorpommern in Schwerin allmählich spannungsvoll. Im Dezember 1945 widersetzte sich Lohmeyer dem aus Schwerin an ihn herangetragenen Ansinnen, die ehemals der NSDAP angehörenden Universitätskollegen zu entlassen, weil er die Stillegung der Einrichtungen befürchtete. Bewußt übergangen fühlte sich die Schweriner Landesverwaltung, als er im Januar 1946 auf Anweisung der zentralen sowjetischen und deutschen Behörden in Berlin die feierliche Wiedereröffnung der Greifswalder Universität vorzubereiten begann. Er wurde in Schwerin mit Vorwürfen überhäuft. Später hörte man, in Schwerin wäre für Greifswald nur eine pädagogische Akademie vorgesehen gewesen.

Am Vorabend der für den 15. Februar 1946 vorgesehenen festlichen Wiedereröffnung der Universität geschah dann das Schreckliche und völlig Unerwartete: Die Schweriner Landesverwaltung ließ durch ihren Vertreter Dr. Müller Lohmeyer für abgesetzt erklären. Wie Lohmeyer wenig später seiner Frau erzählte, schlug Dr. Müller, schwer angetrunken, mehrfach auf den Tisch und rief: »Mönchlein, du gehst einen schweren Gang«. Etwa zur selben Zeit erschienen zum ersten Mal in Lohmeyers Wohnung Arndtstr. 3 Vertreter der sog. »Sowjetischen Operationsabteilung« (NKWD). Kurz nach Mitternacht kamen sie erneut, um nach zweistündiger Hausdurchsuchung den inzwischen heimgekehrten Lohmeyer zu verhaften.

Die Eröffnungsfeierlichkeit fand am Vormittag des 15. Februar trotzdem statt. Minister Grünberg mußte vor Beginn den leeren Rektorsessel mit der Amtskette aus der Mitte der Aula räumen lassen, ehe er selbst kurz das Wort ergriff.

Der Präsident der Schweriner Landesverwaltung, Wilhelm Höcker, hielt eine längere, allgemein gehaltene Ansprache, ehe danach der Universitätsparteisekretär Wohlgemuth erklärte, Seine Magnifizenz könne besonderer Umstände wegen nicht teilnehmen. Das Schlußwort sprach wieder Minister Grünberg. Eine vierstündige Verhandlung im Senat, die folgte, führte schließlich dazu, daß sich der Physiker Professor Seeliger bereitfand, zeitweilig die Rektorenwürde zu übernehmen.

Erst 1958 erhielt die Familie eine am 6. 12. 1957 in Moskau vom Roten Kreuz ausgestellte Erklärung mit dem Inhalt: »Ernst Lohmeyer verstorben in russischem Gewahrsam am 19. September 1946«. Die näheren Umstände sind bis heute ungeklärt. Tatsache ist, daß Lohmeyer etwa ein halbes Jahr in Greifswald, Domstr. 7, in Einzelhaft verbrachte. Ob Lohmeyer dann in das berüchtigte Lager von Neubrandenburg-Fünfeichen kam und dort verstorben ist — am 13.3.1990 wurde bei Fünfeichen am Rande von Neubrandenburg ein Massengrab vom NKWD entdeckt —, oder ob er, wofür die Familie Gründe zu haben meint, von einem sowjetischen Militärtribunal zum Tode verurteilt und am 19. September 1946 neben anderen im Wald bei Hanshagen hingerichtet worden ist, wird sich wohl nie mehr mit Sicherheit feststellen lassen, es sei denn, daß sich bisher verschlossene Archive öffnen.

Sicher aber ist, daß einem lauteren und hochangesehenen Manne, einem anerkannten theologischen Lehrer, dem ersten Rektor unserer Universität nach 1945, bitteres Unrecht widerfahren ist. Die »*Sache*«, um die es ihm ging, bleibt auch uns aufgetragen, »weil auch die brutalste Gewalt und die schlimmste Willkür auf die Dauer nicht das Antlitz der wahren Dinge und Probleme entstellen können.«

HORST J. E. BEINTKER

Ernst Lohmeyers Stellung zum Judentum *

Wie freiheitsliebend jedes einzelne Volk auch immer ist und um seine Freiheit in Auseinandersetzung mit geschichtlichen und natürlichen Widerständen kämpft: das Volk Israel — womit man eine historisch faßbare Gestalt des Judentums nennt — überragt doch alle anderen. Die biblischen Berichte sprechen sehr bald von seiner Unterdrückung. Nachdem es in Ägypten laut 2. Mose 1 so harten Druck erfahren und Gott das Schreien, Seufzen und Wehklagen der Kinder Israel über ihrer harten Fronarbeit erhörte (2,23 ff.), gedachte Gott seines Bundes mit Abraham, Isaak und Jakob, berief ihnen in Moses einen Befreier, der sie durch die Wüste führte in ein eigenes Land. Dort sollten sie leben als ein Gott gehöriges, von ihm erwähltes Volk nach seinen Geboten, um Bote von seiner Macht und Beispiel für die Treue und Kraft seines Bundes vor den übrigen Völkern zu sein.

Hier aber wie an der anschließenden Entwicklung zeigt sich bis in unsere Tage so etwas wie eine geschichtlich immer neu wirksame Grundstruktur. Moses wird das Land nur

* Dieser Beitrag, um den ich aus Anlaß des 100. Geburtstages von Lohmeyer von Pastor Dr. W. Otto namens der Evangelisch-lutherischen Mariengemeinde in Herford gebeten wurde, lag dem Gedenkvortrag im Ernst-Lohmeyer-Haus zugrunde. Der Gedenkartikel »Stetigkeit des Weges« im Dt. Pfarrerblatt 7/1990 beachtet biographisch etwas die Zusammenhänge.

gezeigt, weil das Volk nicht treu blieb, und die Rotte Korah geht ihres Aufruhrs wegen unter. Erwählung und Bund entlassen nicht aus der Eigenverantwortung; Zugehörigkeit zu Gott bedingt eine hohe sittliche Verpflichtung der Treue in seinem Dienst; die Stetigkeit des vorgesehenen Weges hängt an dem Mitsein in der Moses und dem Volk geschehenen Berufung: So viele Israeliten bzw. im Blick auf die weitere historische Entfaltung so vieler Juden wie nur möglich sollen im Ja zur Bundesverpflichtung stehen. Schon die erste Befreiung aus der Knechtschaft in Ägypten findet keine einmütige Zustimmung. Angesichts der Wüste und drohender Vernichtung seitens der Feinde heißt es: »Waren nicht Gräber in Ägypten?« Oder man hält Moses vor: »Ist's nicht das, das wir dir sagten in Ägypten: ‚Höre auf und laß uns den Ägyptern dienen? Denn es wäre besser, den Ägyptern dienen als in der Wüste sterben'« (2. Mose 14,11 f.). Doch die Befreiung hört nicht auf.

Der Wechsel von Hoffnung und Furcht, von Vertrauen in Gottes Führung und Zweifel am Herrsein über die Geschichte, von Trost und Stärke im Glauben und Schwäche in den glaubensarmen Zeiten wird bezeichnend für die Geschichte Israels. »Der Herr wird für euch streiten« (14,14), und Mirjam, die Prophetin, setzt den Lobgesang des Moses bei der ersten Errettung, »der Herr ist meine Stärke« (15,2), der »Herr wird König sein immer und ewig« (15,18), mit eigenen Worten fort: »Laßt uns dem Herrn singen, denn er hat eine herrliche Tat getan; Roß und Mann hat er ins Meer gestürzt« (15,21). Mit Israels Ungehorsam gegen Gott kommen neue Abhängigkeiten bis zur neuen Befreiung in den Zeiten der Richter. Deboras Lied: »Lobet den Herrn, daß Israel wieder frei geworden und das Volk willig dazu gewesen ist« (Richter 5,2), beleuchtet grell die uralten wie die jüngsten Vorgänge der israelitisch-jüdischen Freiheitssehnsucht und ihre so bitteren Opferwege.

Doch darf mit diesen Blicken auf Israels wechselvolle und so schicksalhafte Geschichte von Knechtschaft zu Freiheit keine Volkstums-Theologie geweckt werden[1]. Es geht uns für das besondere Verhältnis zwischen Ernst Lohmeyer und dem Judentum, das sich in dem Zeugnis so hervorragender, mit ihm verbundener Gestalten präsentiert wie den früheren Breslauer Kollegen Ernst Joseph Cohn, Israel Heinemann, Richard Hoenigswald, Richard Koebner und in dem geistig nahen Freund Rosenstock-Huessy wie in Martin Buber[2], um ein Erinnern dieses ungewöhnlich starken Charakterzuges von Gottesgewißheit und Leidensbereitschaft. Denn die Grundzüge solch hohen Freiheitsverlangens sollen in stetem Gottesbewußtsein und tiefem sittlichen Empfinden liegen. Das findet man in der prophetischen Sendung wie in der Psalmenfrömmigkeit Israels. Und diese alttestamentlich-jüdischen Voraussetzungen haben das Urchristentum und fortsetzend die besten Gestalten der christlichen Kirchen gehabt. Lohmeyer gehört zu ihnen.

Für diese Nähe von Synagoge und Ekklesia lassen die Arbeiten Lohmeyers viel erkennen. Aber schon Paulus beanspruchte, ein rechter Israelit zu sein (Röm 11,2; 2. Kor 11,22), obschon wir sein kritisches Urteil hören: »Es sind nicht alle Israeliter, die von Israel sind« (Röm 9,6). Und wenn das

[1] Kritisch zu dieser Gefahr vgl. die Sachbeiträge zur Diskussion über das deutsche Friedensproblem in Band 7 der »Zeitschrift für Evangelische Ethik« (1963), speziell W. Schweitzer, Ideologisierung des »Rechts auf Heimat«? (S. 36 ff.) und L. Raiser, Das »Recht auf Heimat« als Schlüssel zum deutschen Ostproblem? Ein juristischer Diskussionsbeitrag (S. 384 ff.).

[2] Zu Martin Bubers Freundschaftsempfinden s.u. in dem betreffenden Gutachten vom 18.11.1946. – Mir selber begegnete eine Spur davon: Als mir vom Pedell der Greifswalder Universität im November 1949 der Schlüssel zu einem persönlichen kleinen Ablegefach im allgemeinen Dozentenzimmer ausgehändigt wurde, lagen darin zwei Buberbände mit einer handschriftlichen Widmung an Lohmeyer. Dem Erstaunen und der wohl lähmenden Scheu folgte später der Beschluß, sie für die Angehörigen zu sichern. Aber da ich nur im Wochenabstand Greifswald damals aus Berlin aufsuchte, kam ich nicht sofort dazu – und das nächste Mal waren sie verschwunden. Eine Nachforschung hielt ich für aussichtslos.

Johannes-Evangelium Jesus über Nathanael sagen läßt: »Siehe, ein rechter Israeliter, in dem kein Falsch ist« (1,47), dann verhalten sich auch nach Jesu Worten Vorstellung und Wirklichkeit meist in einer gewissen Spannung zueinander. Insoweit die Weltbeziehung des Glaubens auf evolutionäre Entwicklung der Menschen unter Gottesbewußtheit und Sittlichkeit ausgerichtet ist, kommt die urchristliche Märtyreranschauung mit der Idee des Martyriums im Judentum überein. Wir werden an Lohmeyers Arbeit darüber[3] seine Stellung zum Judentum gut darlegen können. Man versteht bei solchen gedanklichen Ausführungen Lohmeyers von 1927 gut seine so selten bei deutschen Professoren der 30er Jahre nachweisbare positive Handlungsweise für verfolgte und diskriminierte Juden. Das führte über sein Bekennen und konkretes Eintreten für angegriffene Juden für ihn selber 1935 zur Strafversetzung und zu äußerlich weniger günstigen Bedingungen als Forscher und Hochschullehrer. So darf zuerst die harte lebensgeschichtliche Wirklichkeit als direkte Folge seiner Stellung zu den Juden und gegen den Arierparagraphen angeführt werden und danach skizzierend auf die geistigen Voraussetzungen eingegangen sein, die ihn zu gleichsam dramatisch verlaufenden Lebens- und Leidensstationen führten. Bekanntlich konnte Lohmeyer trotz des klaren Zeugnisses bedeutender jüdischer Gelehrter für ihn, als er im Frühjahr 1946, vermutlich aufgrund böswilliger Denuntiationen, verhaftet und später angeklagt und zum Tode verurteilt wurde, nicht gerettet werden. Das Paket mit den Appellen auf rechtliche Anerkennung Lohmeyers als tapferer Antifaschist, die heute im Preußischen Staatsarchiv in Berlin archiviert sind, kam ungeöffnet und also ungelesen zurück.

3 Die Idee des Martyriums im Judentum und Urchristentum, in: Zeitschrift f. Systematische Theologie 5 (1927/1928), S. 232–249; in Bezug darauf auch Erik Esking, Das Martyrium als theologisch-exegetisches Problem (im Gedenkband, den W. Schmauch herausgab (s.u. Anm. 4), S. 224–232).

I.

Als Ernst Lohmeyer mit dem 15. Mai 1945 das ihm angetragene Amt des Rektors der Universität Greifswald übernahm, begann für ihn eine sehr intensive Arbeit von Wiederaufbau und Neubesetzung der meisten Institute. Am 29. April war die Stadt den sowjetischen Truppen kampflos übergeben und die Fortführung der Universitätsarbeit zugesichert worden. Lohmeyer war an den nicht gefahrlosen Übergabevorbereitungen beteiligt. Wie sein Schüler und späterer Nachfolger Werner Schmauch darüber schrieb, waren Lohmeyers »Erwartungen und Hoffnungen groß«; denn dem Theologen, »der an dem inneren Niedergang seines Volkes seit 1933 schwer gelitten hatte«, den der allgemeine Zusammenbruch und das Kriegsende »zu neuem Schaffen frei machte«, legte »das allgemeine Vertrauen ... als gewähltem Rektor den Wiederaufbau der Universität Greifswald in die Hände«[4]. Also in Respektierung einer der Kapitulationsbedingungen gab es in Greifswald die Möglichkeit zur Erhaltung der Universität. Sie hatte den politisch von den Nazibehörden gemaßregelten früheren Breslauer Rektor in das oberste Leitungsamt wählen lassen. Lohmeyer wurde alsbald von der Berliner Zentralregierung in Karlshorst und von der Schweriner Landesregierung bestätigt und entzog sich der verantwortungsvollen Aufgabe nicht.

Als ich mich im September 1945 um das Theologiestudium an der damals einzig geöffneten Universität bewarb und in Greifswald Ende Oktober begann, konnte schon von einer gewissen Studienmöglichkeit, jedenfalls im Theologischen Seminar und mit altsprachlichem Unterricht geredet werden. Mit welchem Ernst und in welcher Verantwortung, ja geradezu Leidenschaft man wissenschaftlich frei zu arbeiten ersehnte, bezeugen treffend zwei Dokumente: einmal

---

4 Im Vorwort zu »In memoriam Ernst Lohmeyer«, Stuttgart 1951, S. 9.

handelt es sich um die vom Rektor für die dann einige Monate später gelungene, landesgesetzlich gültige Wiedereröffnung vorbereitete Rede und um die öffentlich gehaltene Rede des Studentenvertreters. Lohmeyers Rede konnte nicht gehalten werden und wurde erst posthum (teilweise) veröffentlicht, zuerst von Schmauch, meine Rede wurde in der »Ostsee-Zeitung« berichtet und im Original in Greifswald archiviert. Aus beiden Texten soll nachher etwas zum Vergleich hörbar werden, welch reale Hoffnung für den Neubeginn damals bestand und daß gerade Lohmeyers Persönlichkeit und Bewährung im Widerstehen gegen den Nazibarbarismus ihn garantierte. Die auch von Studierenden bemerkbare Aktivität von Rektor und Rektorat weckte Vertrauen in das neue Werden und stärkte den Aufbauwillen. Wie schwer dennoch die Fortführung der bestehenden Kliniken etwa und die zu befürchtende Stillegung von Instituten, bevor für die früheren Leiter Ersatz gefunden werden konnte, war, konnte man nur ahnen[5].

Umso niederschmetternder wurde für uns damalige Greifswalder der ersten Stunde des Neuaufbaus am 15. Februar 1946 mit der amtlichen Wiedereröffnung das Fehlen von Lohmeyer und die sich danach schnell herumsprechende Tatsache, daß man ihn in der Nacht vorher amtsenthoben und bei Rückkehr aus der Universität in der Wohnung von einer NKWD-Abordnung hatte verhaften lassen[6]. Was damit international gesehen für ein Schaden angerichtet war und wie trotz aller Bemühungen, leider zumeist oder fast nur von den Angehörigen in Gang gebracht, »fern alles Begreifbaren ... ihm das kaum begonnene Werk aus der Hand« genommen blieb, haben wir nicht mehr zu erörtern. Freilich »stieß« es ihn »in undurchdringliches Dunkel«[7].

---

5 Der Beitrag der Tochter Gudrun im Deutschen Pfarrerblatt »Erinnerung an Ernst Lohmeyer« (1981: S. 358–361) zeigt etwas davon.
6 Vgl. im Beitrag der Tochter Näheres S. 360–362.
7 W. Schmauch, in memoriam ..., S. 10.

Umso schlimmer, als erst zwölf Jahre später die amtliche Mitteilung über sein Schicksal an die Familie kam – und das, obwohl auf die Entlassung im Juli 1946 zu hoffen war[8], weil offenbar die Untersuchungen »keine Anhaltspunkte für eine Anklage ergeben haben«, aber Todesurteil und Vollstreckung am 19. September 1946 doch geschahen. In Moskau war die Todeserklärung am 6. Dezember 1957 ausgestellt worden[9].

Desto heller strahlt das Zeugnis seiner jüdischen Kollegen, aus dem wir entnehmen, was sein menschliches Verhältnis zu jüdischen Mitmenschen betrifft. Er wollte sie nicht als »Juden« der politischen »Fälle«, zu denen sie die Nationalsozialisten machten, sehen, und es spielte für ihn ihr Judentum nicht die Rolle einer Bewertung ihres Menschtums[10]. Und doch hat gerade das selbstverständliche und völlig unvoreingenommene Freundschaftsband die positive Lebensbindung mit Juden ausgemacht. Der britische »Doctor of Philosophy of the University of London« E. J. Cohn, »a Legal Consultant to the British Element of the Controll Commission for Germany« berichtet in seinem Lohmeyer-Gutachten vom 28. November 1946, daß er 1932 und 1933 »Professor of Law at the University of Breslau« war und

---

8 Keine amtlichen, aber interne Mitteilungen, die wichtigste vom damaligen Bürgermeister Burwitz, ließen hoffen.
9 Erinnerungen an Ernst Lohmeyer (1981), S. 362.
10 Dazu ebd., S. 359: »Es gab damals« in Breslau »eine Reihe jüdischer Wissenschaftler, die wesentlich zu ihrem Ruf beigetragen hatten. Ich erinnere mich an den Philosophen Richard Hoenigswald, enger Freund meines Vaters – und mein späterer Patenonkel –, den Historiker Richard Koebner, häufiger Gast in unserem Ferienhaus, den Indologen Strauß, dessen Frau eine lebenslange Freundin meiner Mutter wurde. Sie und viele andere gingen bei uns ein und aus.« Wenn es dann weitergeht mit dem Hinweis, »daß ihr Judentum keinerlei Rolle spielte«, zeigt das nur die Selbstverständlichkeit der Achtung eines anderen religiösen Bekenntnisses und die Ablehnung jeglicher rassistischen Ideologie.

Lohmeyer ihn dort vor den Angriffen nazistischer Studenten persönlich beschützte[11].

»Dr. Lohmeyer has at all times been a convinced and courageous Anti-Nazi. He was one of the leaders of the democratic forces in the town of Breslau and at no time anowed any wavering in the attitude of resistance of Nazism. ... After my emigration he continued to befriend my parents who remained at Breslau for some time. From many other Jewish inhabitants of Breslau I know that Professor Lohmeyer's attitude did not change notwithstanding the growth of pressure from the Nazis.«

Dies schrieb Cohn »in full knowlegde that it is to be used for official purposes«. Aber es war zu spät, und die bekannte Strafversetzung nach Greifswald, u.a. wegen seines Eintretens für Cohn[11a], war nur eine erste Stufe des Weges, den ihn sein tapferer Freimut im Sprechen für die Verfolgten und Stummen führte.

Aus Jerusalem von »The Hebrew University« verfaßten die anderen früheren Breslauer Professoren Heinemann und Koebner mit Martin Buber ein offizielles Statement unter dem 18. November 1946, auch viel zu spät, in dem sie be-

---

11 Vgl. in der Erklärung vom 28.11.1946 Ziff. 4: „Shortly before the coming to power of Nazism Nazi-inspired students' riots broke out at the University which were chiefly directed against me. During that trying time I found in Professor Lohmeyer the strongest and most determined supporter. I am still convinced that if he had been the Rector instead of being the Deputy-Rector, he would have succeeded in quelling through his strong personality and with his unfaltering democratic faith have succeeded in quelling the riots at their very start.«

11a Lohmeyer vertrat 1932/1933 in Abwesenheit des Rektors und Prorektors beim »Cohn-Skandal« in Breslau die Belange der Universität. Die Wahrung der rechtlichen Selbständigkeit der Universität gegenüber massiven Störungen seitens des NS-Studentenbundes, die Wendung gegen den »Arierparagraphen« im September 1933, auch der »Offene Brief an Hans Lietzmann« 1932, hinsichtlich der Einengung theologisch wissenschaftlichen Arbeitens, und seine entschiedene Wirkung für die »Bekennende Kirche« sind zu nennen.

zeugten, daß die Nachricht von der Festnahme des Greifswalder Rektors sie »aufs schwerste betroffen« habe, »nicht nur wegen der nahen persönlichen Beziehungen, die er noch in der Zeit des Nationalsozialismus zu uns – ungeachtet unserer Zugehörigkeit zum Judentum – unterhielt, sondern mehr noch aus politischen Erwägungen«. Denn Professor Lohmeyer war nach Bubers, Heinemanns und Koebners Erfahrungen »von jeher ein leidenschaftlicher Gegner des Nationalsozialismus; auch einer der »wenigen Deutschen, die ihre Gesinnung offen bekannt haben; diesem seinem Mut hat er es zuzuschreiben, daß er von der Universität Breslau, deren Rektorat er bekleidet hatte, nach der kleinen Universität Greifswald versetzt wurde«. Nach diesen 1945/46 besonders für den östlichen Sieger zählenden Fakten war gerade Lohmeyer »einer der äußerst wenigen Professoren, die aufgrund ihrer Gesinnung und ihrer anerkannten wissenschaftlichen Bedeutung auf die akademische Jugend hätte einwirken können, um sie vor der drohenden Gefahr des Rückfalls in den Faschismus zu bewahren«. So urteilten viele[12] und die Verfasser baten »dringend, baldigst seine Strafe aufzuheben und ihm die Einwirkung auf die Jugend zu ermöglichen«.

Wenn dieses Dokument ebenso wie noch mehrere andere Schreiben namhafter Vertreter des Widerstandes wie Niemöller oder Dibelius für die Evangelische Kirche und Bultmann für die Fachwissenschaft auch ihr Ziel der Freilassung Lohmeyers nicht erreichten –, kein Mensch der anordnenden und handelnden Stellen las damals je diese Gutachten – darf heute ja nie verschwiegen werden, was Lohmeyers Weg

---

12 Vgl. E. J. Cohn: »7. In my opinion there are very few personalities in Germany to-day who are better fitted to be leaders of thought and teachers of the academic youth that Professor Lohmeyer. He belongs to those convinced and upright Christians of whom I as a practising Jew can only think in terms of profound admiration and gratitude for all that they have done for me and my coreligionists and for everybody also who suffered from Nazi-persecution.«

kennzeichnete. Hoenigswald, Professor in München und Breslau, bedeutender, heute wiederentdeckter Philosoph, schrieb am 18. September 1946 in seiner Erklärung aus New York:

»Ich schätze Professor Lohmeyer als eine der wertvollsten Persönlichkeiten, denen ich im Leben und im Verlaufe meiner eigenen langen Laufbahn als Forscher und Hochschullehrer begegnet bin ...[13]. Ich bringe ihm absolutes Vertrauen und bedingungslose Hochschätzung entgegen. Er hat sich mir in allen Lebenslagen als Mann humanster Gesinnung, vorbildlicher Toleranz und höchster Kultur bewährt. Ich halte ihn einer unehrenhaften Handlung oder auch nur der kleinsten Inhumanität nicht fähig und kenne ihn als unversöhnlichen Feind jeder antisemitischen Tendenz, wie sich denn zu allen Zeiten in seinem engsten Freundeskreis Juden befanden, und er sich niemals, auch nicht auf der Höhe der nationalsozialistischen Herrschaft, gescheut hat, sich offen und rückhaltlos zu seinen jüdischen Freunden zu bekennen.«

Nehmen wir zu den gehörten Stimmen den sehr bekannt gewordenen Lohmeyerbrief an Buber[13a] hinzu, so haben wir eine »theologische Deutung« der Verbindung von Christen und Juden, wie sie im Urchristentum und in einer echten christlichen Glaubenshaltung vorhanden sein muß[14]. Und

---

[13] Hoenigswalds Erklärung urteilt über die politische Haltung Lohmeyers und die Leistung als einer der bedeutendsten Gelehrten, was er näher ausführt, aus der Kenntnis der »seit Jahrzehnten« bestehenden nahen Freundschaft. Wir wählen nur die Sätze, die das Verhältnis zum Judentum betreffen.

[13a] Er findet sich als Nr. 450 in Bubers Briefwechsel aus sieben Jahrzehnten, Heidelberg (1973 II), S. 499–501, und gehört »zu den wichtigsten Dokumenten aus der Zeit des Kirchenkampfes, was das Problem Juden und Christen angeht« (Hans-Joachim Barkenings, Bruderschaft mit den Juden, in: Junge Kirche 1/1981, S. 12; dort auch ausführlich zitiert und interpretiert).

[14] Lohmeyer hat Bubers religionsphilosophisches Buch »Zwei Glaubensweisen« (1950) nicht lesen und beantworten können. Bubers und Lohmeyers Unterscheiden zwischen Judentum und Christentum, besonders in dem Offenbarungsverständnis und in der Eschatologie, erfas-

das soll uns auch zur exegetisch und philosophisch gewonnenen Überzeugung Lohmeyers weiterleiten. Lohmeyer reagierte auf einen Brief des Tübinger Neutestamentlers Gerhard Kittel vom 13.6.1933, den dieser an Buber schrieb und der die Haltung der ‚Deutschen Christen' zeigte. Buber reagierte darauf mit einem »offenen Brief«. Beide Briefe las Lohmeyer und schrieb Buber spontan:

».... was mich drängt, ist nicht nur dieses Gefühl geistiger Verbundenheit, wenngleich das in diesen Tagen um seiner Seltenheit willen mich begleitet, sondern es ist um es offen zu sagen, etwas wie Scham, daß ... die evangelische Kirche so schweigen kann, wie sie es tut, und wie ein führerloses Schiff von dem politischen Sturmwind einer doch flüchtigen Gegenwart sich aus ihrem Kurs treiben läßt!«[15]

Und wie Lohmeyer den zu steuernden Kurs als zutiefst für das Christentum aus Israels Glaubensgeschichte erwachsen bekennt, zeigt ein schließender Satz an Buber: »Ich hoffe, daß Sie mit mir darin übereinstimmen, daß der christliche Glaube nur so lange christlich ist, als er den jüdischen in seinem Herzen trägt.«[16]

---

sen wir später. Eine nähere Untersuchung mit Vergleich beider Positionen liegt m.W. nicht vor. Wie genau beide aufeinander hörten, zeigen ihre anmerkenden Kommentare, z.B. Lohmeyer auf »Königtum Gottes« in seiner letzten, erst 1945 geschriebenen Arbeit (posthum bei Schmauch, S. 22–49). Und Buber (1950) z.B.: »... anscheinend unter dem Einfluß meiner schriftlichen und mündlichen Hinweise auf diesen Sachverhalt«, daß die Thora niemals starres Gesetz sei, – und nun wörtlich bei Buber aus Lohmeyers Markuskommentar – »sondern vielmehr ‚Lehre' in dem Zwiegespräch Gottes mit einem Partner, dessen Herz und Ohr nicht immer für diese Lehre Gottes geöffnet ist« (I, 699 in Bubers Werk-Ausgabe 1962).

15 Keinesfalls unterschätzte er die Gefahr und den drohenden Absturz durch »brutalste Gewalt und schlimmste Willkür«, welche von der »Nacht und Macht der Zerstörung und Bedrückung« ausgingen. Aber doch nur »eine Zeitlang« und für einen den Kurs haltenden doch nicht mehr als flüchtige Gegenwart! (Die Zitate aus der (nichtgehaltenen) Eröffnungsrede 1946, s. unten).

16 Bubers Brief zit. nach »Erinnerung« (1981), S. 359.

Diese Begründung oder Verankerung des christlichen Glaubens im jüdischen so hervorzuheben, ist bemerkenswert. Vielleicht hat der erste Eindruck die Stellung zum Judentum nachhaltig geprägt. Denn in Vlotho, wo Lohmeyers Vater lutherischer Pastor war, bestand eine sehr lebendige, noch heute gut erinnerte jüdische Gemeinde[17]. Auch der typische Vorgang einer »Amalgierung des jüdischen Volkes mit dem deutschen«, der »keine Parallele in der Beziehung der Juden zu irgendeinem anderen europäischen Volk« findet[18], hat in geistiger Hinsicht von den ersten Jugendbegegnungen an Auswirkungen gehabt[19]. Jedenfalls gibt die beiderseitige enge Verbindung zwischen Juden und Nichtjuden in Deutschland vor 1933, die schon im Aufklärungszeitalter »als einer extrem rationalistischen Kulturepoche« ihre Wurzeln hat, der kollegialen Zusammenarbeit und dem klaren Eintreten für jüdische Mitbürger eine wichtige Voraussetzung für Lohmeyers positive Einstellung wie für die zeugnishaften jüdischen Stimmen über ihn. Seine spontane Handlungsweise, auch für bedrohte jüdische Familien später, ist eine praktische, wenn leider zu selten konstatierbare Auswirkung davon gewesen. Sie zeigt, »wie unverrückbar das Judentum« in einer bemerkenswerten Affinität zum deutschen Kulturempfinden, ja überhaupt in das »deutsche Kulturbild hineingestellt« ist[20]. Gewiß, wie Horkheimers Schüler Joseph Maier betont, nachhaltig auf die Philosophie, aber — wie am Beispiel Buber-Lohmeyer zu sehen — auch auf religionsphilosophische und allgemein wissenschaftliche Felder wirksam. Nur belegt Lohmeyers Einzel-

---

17 Leider erinnert man sich der zerstörten Synagoge nur am hoch daraufgesetztem modernem Rathaus.
18 So Joseph Meier, New Jersey, Schüler und enger Vertrauter Max Horkheimers bei einer Oldenburger Akademietagung (29. Juni 1989); Luth. Monatshefte 28 (1989) S. 380.
19 Oft verkannt. Hier will J. Mahrenholz, Pastor in Vlotho in den 70iger Jahren, in Verbindung mit einem Jugendbekannten Lohmeyers aus Vlotho einiges nachtragen.
20 Maier, ebd.

gang in dem Brief an Buber vom 19.8.1933 die feige Anpassung und Borniertheit der Professorenschaft, worauf Barkenings abhebt[20a], wenn er Bonhoeffers Stellung mit dem einsamen »Vorkämpfer des christlich-jüdischen Dialogs«, nämlich Leonhard Ragaz (1922), vergleicht und feststellt, daß der heute, besonders von dem Bonhoeffer-Biographen E. Bethge angesprochene Durchbruch zu einer neuen Qualität im Verhältnis der Christen zu den Juden aktuell bei Lohmeyer geschehen ist. Hier klinge aus »der Gewißheit einer essentiellen Verbundenheit von Judentum und Kirche« und dem »Bewußtsein einer existentiellen Verpflichtung gegenüber den Juden ... die Ahnung eines ganz neuen Weges der Gemeinschaft auf«.

»Lange vor jener von Eberhard Bethge so eindrucksvoll herausgestellten Wende in der Erkenntnis Dietrich Bonhoeffers hat hier ein Neutestamentler vom Range Ernst Lohmeyers Einsichten formuliert, die zu Äußerungen damaliger und sehr viel späterer Fachkollegen erschütternd kontrastieren.«

Was für eine Erbegewißheit solcher essentiellen Gemeinsamkeiten und welch unbefangenes Kulturbewußtsein Lohmeyers Verantwortung für die Universitäts-Wiedereröffnung auszeichnete, läßt sich bereits am Geist der noch unter den starken Eindrücken von Gewaltende und möglichem Neubeginn konzipierten Rektoratsrede abspüren: »Dieser Beginn« — so geplant für den Anfang des vollen akademischen Unterrichts — geschehe »mit einer neuen Freiheit und einer alten Gebundenheit: die Freiheit gilt dem Aufhören einer Forschung und einer Lehre, welche, von willkürlichen und falschen Voraussetzungen geleitet, selber zu falschen und willkürlichen Zielen leitet und andere mit dem Zwange ihrer Willkür bedrückte, die Gebundenheit aber« — hier sehe ich über die vom Judentum und über die Aufklärung mit-

---

[20a] In seinem Beitrag »Bruderschaft mit den Juden? Zur Debatte über den Dialog mit den Juden«, S. 10—14 (s. Anm. 13a).

geprägte kritische Denkweise das dort so ungemein starke Bindungselement an echte Tradition lebendig — »gilt dem alten Wege, der, frei von Gewaltsamkeiten und Voreingenommenheiten, zu den Dingen selber führt und sie in ihrer ursprünglichen Wahrheit, ihrer sachlichen Bedeutung und ihren menschlichen und sozialen Beziehungen zeigt[21]. So gesehen, ist dieser Wiederbeginn mehr als ein Fortsetzen dessen, was eine Zeitlang unterbrochen war, es ist ein Aufbrechen zu neuen und doch alten Zielen auf neuen und doch alten Wegen mit neuen und doch alten Kräften. Neu ist dies alles, weil nach dem erlittenen Zusammenbruch nichts mehr dort begonnen werden kann, wo es bisher stand, und dennoch ist dieses alles auch alt, weil auch die brutalste Gewalt und die schlimmste Willkür auf die Dauer nicht das Antlitz der wahren Dinge und Probleme entstellen können.«[22] — Der damals vor uns liegende »Weg« sei, wie Lohmeyer seine Rede beschließen wollte, »nicht leicht, nicht ohne Not und Anstrengung, aber wenn die Ziele klar sind und die Kräfte gerüstet, die Nacht und Macht der Zerstörung und Bedrückung zu überwinden, dann wird es mit dem angehenden neuen Semester gehen wie mit dem anbrechenden Morgen: ‚Zu neuen Ufern lockt ein neuer Tag!'«. — Er hat ihn nicht erlebt, aber wir wollen, daß sein Lebenswerk dennoch für eine kommende Theologie und als Wegbereitung jeden Neuanfangens wirkt.

Hier sei nun zum Vergleich der Lohmeyer kennzeichnenden Erwartungen mit dem Aufbruchsverlangen der Studentenschaft aus der Rede deren Sprechers zitiert:

»Wie immer eine Jugend erfüllt ist von starker innerer Bewegung und Sehnsucht nach echter Größe, so ist auch unsere Generation erfüllt von diesem Gefühl, besonders in dem Augenblick, da

---

21 »Zu den Dingen selber« und zum »Antlitz der wahren Dinge und Probleme«, wie es dann nochmals aufgenommen wird, hat Gerhard Saß eine weithin beachtete Kommentierung vorgenommen, in: Deutsches Pfarrerblatt 8/1981, S. 356–358.
22 Die Rede wird nach Schmauch, In memoriam, S. 10, zitiert.

sich die Pforten der Hochschulen nach einer Epoche der Unfreiheit wieder öffnen zu freiem geistigen Leben und Forschen. – Noch nie wurde die Freiheit so verbogen wie in der vergangenen Zeit, und noch nie ist der Wille einer Generation so erfüllt gewesen von Sehnsucht nach Freiheit, Echtheit und Wahrheit! – Wenn einmal die Machthaber der hinter uns liegenden Zeit wollten, daß mit ihnen auch das ganze Deutsche Volk zugrunde gehen sollte, so wird das nicht nur nicht geschehen, sondern es erweist sich das verborgene Schicksal stärker als alle Menschenwerke! Schon heute regt sich aus Trümmern lebendig und stärker das Leben. Auch der Zwang und die Ungeistigkeit einer abgelaufenen Epoche können einen ganz anderen Ausgang nehmen, als das vorher zu bestimmen ist. – Den unterbrochenen Strom wollen wir fortsetzen. Auf die Schultern unserer Väter wollen wir uns stellen und das Erbe einer Studentenschaft antreten, die wahre demokratische Gesinnung in sich trug ...«[22a]

Wie für die folgenden Entwicklungen erwiesen, waren die Zeiten damals notvoll und gar nicht leicht. Der »neue Tag« forderte manch schwere Tribute. Lohmeyers Klarheit im Ziel brachte ihm selber kein Schaffen mehr, nur Entsagung und Tod. Aber Geborgenheit in den bangen Monaten der Haft gab ihm doch das Jesajawort vom Stillesein und Hoffen (30,15)[23]. Wie wir seinen schließlich wohl stellvertretenden Tod aus der Spannung von Ziel und Wirklichkeit zu deuten

---

[22a] Aus meiner Rede, die ich in der Greifswalder Aula vor der akademischen Festversammlung und den Vertretern der Militärverwaltung, staatlichen Leitern und Parteidelegierten am 15.2.1946 zur Wiedereröffnung hielt (Original im Universitätsarchiv, Akte R 580/1), setze ich einige Stichsätze auch deshalb her, weil sie der Zeitdokumentation durch die völlig unabhängige Parallelität zwischen Rektor und studentischer Jugend ein Licht aufstecken.

[23] Frau Gudrun Otto (Erinnerung, S. 362) führte aus den eng beschriebenen Blättern, die sie selber barg und in denen ich mit tiefer Bewegung nun selber las, an, was auch Luthers bekanntes Motto war (»In silentio et spes erit fortitudo vestra«) und bei Lohmeyer wie dort gegen die biblische Fassung ins Positive gewendet wurde: »... es gibt das köstliche Wort: Durch Stillesein und Hoffen werdet ihr stark sein. – Ich spüre es an mir, wie wahr es ist.«

haben, um unsere neue Enttäuschung der Erwartungen und sein Geschick sinnvoll verbinden zu können, muß einstweilen ungesagt bleiben.

II.

Die geistigen Voraussetzungen für Lohmeyers Stellung zum Judentum und zur These, daß der jüdische Glaube im Herzen des christlichen sein muß, sofern der Christ wirklich Christ sein will, kann man sich eher literarisch als biographisch erschließen. Es gilt mehr die Analyse der Schriften, insbesondere der Bibelerklärung Lohmeyers, also der indirekte Aufschluß als ein direktes Zeugnis wie bisher. Nicht der Bildungsgang und spezielle Studien Lohmeyers wollen jetzt untersucht sein, vielmehr verraten uns die zentralen und beilaufenden Aussagen zum biblischen Text, welche geistigen Voraussetzungen Lohmeyers positive Verbindungen zu Judentum und jüdischer Religion bewirkten. Er ist ein hervorragender Exeget und hat für diesen Dienst an der Bibel, wie das jeder von sich weiß, erst reifen müssen. Aber was Lohmeyer dann eben an den biblischen Texten beobachtet und in Vermittlung seiner Wahrnehmungen überliefert, sagt viel von seinen geistigen Voraussetzungen. Da wir uns beschränken müssen, wählen wir den Kommentar zum Philipper- und Kolosserbrief (1930; ^{11}1953) und den zu Markus (1937; ^{15}1959). Besonders hilft der Kommentar zum Matthäus-Evangelium für unsere Frage, hier die posthum erschienene Fassung von W. Schmauch (1956; ^{3}1962)[24].

Wie untrennbar für Lohmeyer christlicher und jüdischer Glaube in der Hauptsache des erwarteten Messias sind, gibt

---

24 Meist gebe ich nach der Auslegung Mt 28, 16—20 »Mir ist gegeben alle Gewalt« Lohmeyers Erkenntnis wieder und zitiere dann nicht aus dem Kommentar (wo ich dann im Text nur Zahlen anführe), sondern mit Seitenangaben aus »In memoriam« (1951), worin Schmauch dieses wichtigste Kommentarstück als Aufsatz gebracht hat.

die vor 1937 geschriebene Einleitung zum kommentierten »Evangelium des Markus« wie folgt Ausdruck: »Der Raum, in dem er wirkt, und der Boden, aus dem er lebt, ist das Gottesvolk Israel; an dessen Grenzen und Geschichte ist er gebunden« (3). Der Messias, der »gesalbt worden ist« und Christus genannt wird (Mk 1,1), »ist eine menschliche Gestalt, wohl ‚mächtig in Wort und Werk vor Gott und den Menschen' (Lk 24,19), aber nicht grundsätzlich von anderen Gottesboten geschieden«. »Sein Werk steht« nach Lohmeyer für Juden und Christen gemeinsam »in der langen Reihe von Gottestaten, die an diesem Volke seit seinem Beginne geschehen sind, wie das eines gottbegnadeten Königs und Propheten. Welch höhere Würde er auch immer von Gott her tragen mag – erst sein Wirken entscheidet über das, was er ist. Deshalb ist nicht seine Person schon Maß und Richte, sondern die Sache, die auszuführen ihm Gott anbefohlen hat[25]. So wiederholt sich an dem Messias die doppelte Bestimmung, die das Volk als Ganzes trägt: Wie dieses ein Volk unter anderen Völkern ist, so ist er ein Mensch unter anderen Menschen; wie dieses zugleich die auserwählte Gemeinde Gottes ist, so ist er ihr auserwählter Führer und Vollender; und wie dieses über solche doppelte Bestimmung in Werk und Wandel entscheidet, so dieser durch sein ‚Wort und Werk'. Man kann hoffen, daß einer der *christós* ist, der Israel erlösen soll (Lk 24,21); ob er es wird oder ist, entscheidet erst das vollbrachte Werk der Erlösung« (3)[26].

25 Von hier würde wohl Lohmeyer mit Bubers Unterscheidung der »Zwei Glaubensweisen« (1950) das weiterführende Gespräch gesucht haben; denn er hätte »die Sache« nicht mit dem griechisch beeinflußten und mittels Paulus dem Christentum typischen »Für-wahr-Halten« identisch werden lassen können.
26 Mit der »Erlöser«-Frage verbindet Buber (Werke I, 654 ff.) die Akzepttions-forderung beim frühen Christentum; denn dem »erlösungsbedürftigen Menschen der verzweifelnden Stunde wird die Erlösung angeboten, wenn er nur glaubt, daß sie geschehen ist und daß sie so geschehen ist.« Hier würde Lohmeyer von den neutestamentlichen Texten aus widersprechen.

Wie nah »innerhalb dieser Grundbedingungen« dann jüdischer und christlicher Glaube an den Gesandten Gottes sich geblieben sind, zeigen die Hoheitstitel »König«, »Davidssohn«, »Menschensohn«. »Gesalbter, König von Israel, steige jetzt herab!«, heißt es Mk 15,32; und »was der verklärte König der Vorzeit religiös-politisch begonnen, das wird der messianische König der Endzeit«, an den Mk 10,47; 12,35 ff. erinnert, »wieder aufrichten und vollenden«. Die meist vertretene Ansicht, daß Jesus nur die religiöse, nicht die politische Seite des messianischen Werkes erfüllt habe, weist Lohmeyer gleich zurück: »Solche Scheidung« sei »unberechtigt«; man könne »nur *unter*scheiden zwischen der stärkeren oder schwächeren Betonung der einen oder anderen Seite«. Auf Jesus treffe die Tilgung der »politischen Erwartungen« nicht zu; denn »wie stark immer der jüdische Glaube das Volk als die eine und einzige Gemeinde Gottes gesetzt hat, es bleibt und« (3) – darin Er – »ein Volk eines Blutes, eines Landes und einer Geschichte. Dieser feste Boden einer nationalen Existenz« Israels sei »so unaufgebbar« wie die »Gewißheit, das Volk Gottes zu sein«. Darum müsse das »Ende« Seiner, Jesu, »Geschichte das Volk als Nation wie als Gemeinde vollenden« (4)[27].

In der jüdischen Eschatologie, welche die christliche vorbereitet, stand neben dem Messiaskönig »der messianische Prophet«. Ebenso läßt sich Lk 24,19 hören. Für Werk und Würde Jesu meint bei Markus der Name Christus aber weit mehr als eine prophetische Vollmacht, die Mk 1,21; 2,1–12; 5,21 ff. anklinge. Ja, »bis zu einem gewissen Grade der eschatologischen Anschauung vom jüdischen Messias entgegengesetzt«, sind bei Markus die Namen »Gottessohn«

---

[27] Buber (I, 655) redet im Blick auf die sich wiederholenden Verfallszeiten vom klassischen Beispiel »des Glaubensvolkes Israel – einer Glaubensgemeinschaft, die als Volk, eines Volkes, das als Glaubensgemeinschaft entstanden ist«, und von »der Frühzeit der Christenheit« mit deren Intention, »die zerfallenden Völker durch die Gottesgemeinde zu ersetzen, hernach ... die neuen Völker durch das Übervolk der Kirche, das wahre Israel, zu überwölben.«

und Menschensohn – Mk 13,32 sogar nur »der Sohn«. »Welches immer der Ursprung dieses Namens gewesen sein mag: »er entstammt »einer grundsätzlich anderen Anschauung ... Der Gottessohn ist nicht zuerst eine menschliche, sondern eine göttliche Gestalt. Dämonen erkennen Ihn, die mehr sehen und wissen als Menschen. Er ist nicht nur mit Gottes Macht ausgestattet, sondern selbst von Gottes Art; nicht nur Sein Wort und Werk sind göttlich, sondern Sein Wesen. Darum ist hier das Entscheidende die Gestalt« (4) – und darin liegt, was Buber nur für den jüdischen Glauben erklärt: »das Vertrauensverhältnis beruht auf einem Status des Kontakts, eines Kontakts meiner Ganzheit, mit dem, zu dem ich Vertrauen habe«[28], eben zum Christus Gottes, wie ihn Markus und Paulus überliefern. Der Titel »Menschensohn« sei »dem Terminus Gottessohn völlig gleich«. Hinter Namen und Konzeption stehe jedoch wieder »jüdische Apokalyptik« (5). Der Menschensohn (vgl. Dan 7,10) »ist Herr und Bringer des kommenden Äons; als ein Fremder seiner Art und Macht nach steht er Volk und Völkern gegenüber und hebt mit seinem Erscheinen alles irdisch und geschichtlich Gegebene zu Vernichtung und Vollendung auf. Hier ist also der Zusammenhang zwischen Gott und Welt, Gott und Geschichte, den der Begriff des Messias ebenso voraussetzt wie vollendet, zerrissen und zu einem Gegensatz geworden, den nur Gott und der Menschensohn am Ende der Tage überwindet. Nichts Menschliches ist an diesem Menschensohn; Er kommt auf den Wolken des Himmels in aller Herrlichkeit und Macht« (Mk 13,26). Dieses »alte danielische Bild« (5) erkennt man auch in Mk 8,38 und 14,62.

---

28 Buber I, 654. Freilich habe »jeder von beiden (Glaubensweisen) auch im anderen Lager Wurzeln geschlagen, ... und zwar schon im vorchristlichen jüdischen, was sich eben daraus erklärt, daß« der Glaube mit Akzeptation von Dogmatik von »hellenistischer«, also von spätgriechischem »Eidos geformter zerfallsorientalischer« Religion herkam, »die ins Judentum einströmte, ehe sie das Christentum errichten half« (I, 656f.)

»Es scheint«, folgert Lohmeyer für sein Jesusbild des Juden unter Juden, das seine geistigen Voraussetzungen als entschiedener Gegner des Nazifaschismus trägt, »als habe schon das vorchristliche Judentum wenigstens in bestimmten Schichten von einem leidenden Menschensohn als dem Erlöser und Vollender sprechen können« (5)[29]. Solche gemeinsamen Anschauungen stehen »ebenso hinter dem allgemeinen jüdischen Gedanken vom Martyrium[30] wie dem konkreten Bilde des leidenden Gottesknechtes von Jes 53 ... Diese Verbindung hebt aber ein neues Moment deutlicher hervor, die Beziehung auf das jüdische Volk. Es ist dem Gedanken vom ‚Ebed Jahwe' unveräußerlich, daß er ‚für uns' leidet und stirbt«; »im strengen Sinne« aber von »Volk« zu reden, sei (wie auch bei Dan 7) »nicht mehr möglich«; nationale »Träume, wenn sie bestanden, sind verflogen; das Volk ist nur mehr die irrende und fehlende, aber von Gott begründete und einst heilig vollendete Gemeinde« (5).

Hier bekommen dann Lohmeyers Ausführungen eine bemerkenswerte, für seine Haltung im damaligen deutschen Kirchenstreit[31] wie im gesellschaftlich-politischen Netzwerk damals und später kennzeichnende Aktualität. Sie gilt für alle gesellschaftlich Diskriminierten, zu denen mit den Juden alsbald auch die Christen gehörten und gehören, wann immer sie ihren auf Wahrheit, Gerechtigkeit und Bezeugung Gottes verpflichtenden Kurs einhalten. Als solche vom Glauben bestimmte Haltung »steht sie in dem gleichen Gegensatz wie der Gottesknecht«; der einzelne Glau-

---

[29] Auf die »gedankliche Verbindung zwischen Gottesknecht und Menschensohn« (6) sowie Jesu Namen und Evangelium (7) müßte für die christologischen Ansätze mehr eingegangen werden. Für den daran Interessierten darf der Hinweis auf die ganze Einleitung, auch auf Bubers Darlegung solcher Zusammenhänge in »Zwei Glaubensweisen«, genügen.
[30] Hier verweist Lohmeyer u.a. auf seinen Aufsatz dazu (s. o. Anm. 3).
[31] Dazu G. Ehrenforth, Die schlesische Kirche im Kirchenkampf 1932–1945, Göttingen 1968, S. 25 f. 66. 132 f., 145 f., 201 ff.

bende wie die Glaubensgemeinschaft »gehört Gott zu eigen und ist deshalb in der ‚Welt' bedrückt und angefochten, arm und geknechtet« (6).

Mit welch brennendem Herzen und Gewissen Lohmeyer diese Markusinterpretation bzw. seine grundsätzlichen Erkenntnisse über den Weg einer christlichen Gemeinde mit deutlichen jüdischen Wurzeln schrieb, läßt sich vom Kontext der Zeit her gut vorstellen. Er war in der »Vorläufigen Schlesischen Synode« seit 1935 Vertreter der Breslauer Fakultät, aber von Anfang an einer der theologischen Lehrer, »auf die sich die schlesischen Pfarrer der Bekennenden Kirche beriefen«[32]. Es geht um ein anderes »Heil«, als es in der Welt ausgeschrieen wurde. Und hier ist Christus ein echter Führer zu Freiheit und Wahrheit. Jesus als der Christus »ist selbst der ewige Vollender, und in der Verbundenheit von Menschensohn und Gemeinde liegt deren ewiges Heil. Dieses Heil bedeutet aber zugleich die Befreiung der Gemeinde aus ihrer Bedrückung und damit die Überwindung aller irdischen oder auch unterirdischen Mächte der ‚Welt'. Von hier aus darf man auch den Schluß auf den Kreis ziehen«, der Jesus nachfolgte und den Lohmeyer auch in seinem Buch »Galiläa und Jerusalem« (1936) beschrieb[33].

Zwischen diesem »Menschensohn und dieser Gemeinde« bestehe eben ein »eigentümliches Verhältnis; wie sie bedrückt und verfolgt ist, so wird auch Er verfolgt und dem Tode übergeben, und wenn sie einst herrlich verklärt wird, so wird auch Er es sein. Leiden und Herrlichkeit des Menschensohns aber ist das eschatologische Mittel, Er der eschatologische Mittler, durch den Gott die Gemeinde aus dem Leiden zur Herrlichkeit führt« (6). Doch dann drängt, bei Markus schon dokumentiert, »die gedankliche Verbindung zwischen Gottesknecht und Menschensohn auch weiter. Denn wenn sie den transzendenten Menschensohn zu einem irdisch leidenden Menschen

---

32 Ebd., S. 25.
33 Hier verweist er als »Geschichte Jesu wie der Urgemeinde« (6) in Anm. 1 darauf.

macht, so gibt sie ihm damit auch die Grenzen und Ziele eines geschichtlichen Lebens; und dieses Leben ist das eines ‚Knechtes Gottes'; er ist also Prophet und damit Bringer und Wirker göttlicher Offenbarung. So kehren auf neuem Grunde auch alte Namen der jüdisch-israelitischen Geschichte wieder; der Menschensohn ist Lehrer, ein jüdischer Rabbi, und Prophet wie ‚einer der Propheten' (6,15; 8,28) ... So wird denn die geschichtliche Gestalt des Menschensohns schlechthin zu einem eschatologischen Geheimnis und Wunder. Wer den Namen Menschensohn trägt, ist also eine transzendente Gestalt, ein Fremdling in diesem und Herr des kommenden Äons; mit ihm wird dieses Kommende gegenwärtig und das Eschatologische Ereignis. Und er ist zugleich eine menschliche Gestalt, ein Jude unter Juden, Kind seines Landes und seiner Geschichte; mit ihr ist alle Gegenwart seines Wirkens auf den kommenden Äon gerichtet und alle Ereignisse seines Lebens höchstens Anzeichen des eschatologischen Tages. Diese doppelte göttlich-menschliche Bestimmung ist nicht nur das Geheimnis seines Wesens, sondern auch des Rates Gottes, durch den der ‚kommende' Äon zur Gegenwart, dieser gegenwärtige in dem kommenden aufgehoben wird« (6).

Man ist versucht, dieser bekenntnishaften, zugleich historisch-kritisch begründeten Darlegung der Bedeutung von Jesus Christus bei Markus, die ja ohne jede interpretierende Entfaltung völlig für sich — und für Lohmeyers geistige Grundlagen spricht, als einer klaren Erhellung der Glaubensgeschichte der Urgemeinde, die den jüdischen Glauben im Herzen trug, weithin Gehör zu verschaffen. Denn dies macht auch das rätselhafte Geschick des Theologen und Christen Lohmeyer deutlicher. Er erschien wohl ideologisch gesonnenen Gegnern bei solchem ungebrochenen Kurs — jetzt in seinem zweiten Rektorat, das dann ja nicht wirklich zur vollen Ausführung gekommen ist — nicht für solch Amt geeignet, obwohl eigentlich er besonders zu der höchsten Verantwortung in der Leitungsaufgabe einer Universität im Neuanfang berufen war. Die Regierungserkenntnis in Schwerin, nun »den falschen Mann am falschen Platz zu haben«[34], hat ja den Tod gebracht für einen Menschen, der arglos und furchtlos, »verwundert und ungläubig« war gegenüber dem ihn verurteilenden Tun, den doch schuldfreien Rektor in Gefangenschaft und Schuldverdacht mit bitterem Leiden bringend.

Aber noch näher und zurück zum Geheimnis der Zweinaturen-Lehre, der Doppelwesenheit, der eschatologischen Verhüllung von Jesu geschichtlicher Gestalt! Es kläre sich nach Markus auch das Verhältnis zwischen den verschiedenen Vorstellungen. Terminologisch sei das Verhältnis zwischen Menschensohn und Gottessohn nie bestimmt; auch die späte urchristliche Gemeinde nennt den eschatologischen »Vollender wie bei Daniel Menschensohn« (z.B. Apg 7,56; Offb 1,13; 14,14). Die »doppelte Bestimmung seiner Gestalt« dränge aber »danach, seine ewige und himmlische Art von seiner geschichtlichen Erscheinung zu unterscheiden. Jene zu umschreiben, dient dann u.a. der Name ‚Sohn Gottes‘, diese der andere ‚des Menschen Sohn‘. Mit jenem Namen sprechen von ihm Gott, Dämonen und Gläubige, diesen braucht Er allein« (7). Und dazu fügt sich auch der Begriff Evangelion. »Das Wort bedeutet Frohbotschaft, und sein Gedanke ist seit Deuterojesaja (52,7 und 61,1) eng mit der eschatologischen Erwartung des Judentums verknüpft; es handelt also von dieser Vollendung, unter welchen Worten man sie sich immer vorstelle, Heil oder Erlösung oder Frieden oder Königtum Gottes.« Zweimal hat Markus »Jesu Christi« hinzugefügt und sicher beide – den Genitivus subjectivus und objectivus – damit gemeint; »denn wo gäbe es eine eschatologische Botschaft, von Gott ausgehend, die nicht auch von Gott handelte? So hat auch die Frohbotschaft von Jesus Christus ihm zum Gegenstand und zugleich zum göttlichen Urheber ... Das Evangelium enthält und *ist* in diesem Sinne das Geschehen von und in

---

34 Auf diese Formel engte die miterlebende Tochter alles ein: Erinnerung, S. 361.

Jesus Christus, ist es im Ganzen seines Laufes von Johannes dem Täufer bis zur Auferstehung wie in jedem einzelnen Ereignis dieses Ganges. In solchem Sinne kann es im Eingang (von Markus) heißen: ‚Anfang der Frohbotschaft von Jesus Christus, dem Sohne Gottes.'« (7)[35].

Diese nachösterliche Christologie wird gern als trennend von jüdischen Auffassungen gesehen. Umso wichtiger ist Lohmeyers Aufdecken der Verbindungen mit der jüdischen Eschatologie. Die Theologie im engeren Sinne als Gotteslehre zeigt unbestrittene Gemeinsamkeiten, selbst wenn ihre Gottesanschauung von Lohmeyer auch bei Auslegung von Mt 28,16—20, das dem ersten Evangelium den es krönenden Abschluß gibt, auf Jesus als den mit der Auferstehung erhöhten Weltenkönig und Weltenrichter bezogen wird. Es ist die Inthronisation Christi zur Rechten Gottes; »jetzt ist geschehen, was seit alter Zeit verheißen ist: Gott hat dem von ihm Erkorenen sein Königtum in aller Welt übertragen. Vor der eschatologischen Gewalt dieses Ereignisses ... ist es nicht nötig, einen Namen dem zu geben, dem sie zu eigen geworden ist; wir hören deshalb weder den Namen Kyrios, noch irgendeinen anderen. Wohl aber ist diese Gestalt in eine Höhe gerückt, welche sonst nur in dem vierten Evangelium erreicht ist. Sie ist Gott selber in seinem Offenbar-sein, in seiner bleibenden Gegenwärtigkeit und Mächtigkeit, und was einst in dem heiligen Gottesnamen des Alten Testaments kundgetan wurde, das ist in ihm jetzt eschatologische Wirklichkeit«[36].

Dem Leser möchte nicht entgehen, daß Lohmeyer die in Hoffnung lebendige »eschatologische Verheißung alttestamentlicher Prophetie« als »ein geschichtliches Erbe des pharisäischen Judentums« beiden Evangelien zugrundeliegen weiß und die Urgemeinde genötigt sieht, »alttestamentliche Gottesprädikate, ja seinen unaussprechlichen Namen selbst,

---

35 Vgl. Ernst Lohmeyer, Markus-Kommentar.
36 In memoriam, S. 47; im Matthäus-Kommentar: 425 f.

auf ihren Meister zu übertragen« (S. 43/47; 424/426). Man erkenne »hier den oft geleugneten Weg« (!), den Jesus und auch Paulus als jüdische Gottesboten in Ankündigung des Gerichtes über die Völker und mit Hereinrufen aller in die Gemeinde unter Gottes Königtum wiesen. Es gäbe »daher keine jüdische und keine urchristliche Erwartung, welche nicht die Frage der Völker im Positiven oder Negativen zu einem unveräußerlichen Teile des eschatologischen Geschehens machte« (ebd.). Lohmeyer nimmt für »die Offenbarung des Königtums Gottes« den Hymnus des Philipperbriefes (Verleihung des Namens Kyrios) und »das geglaubt unter den Völkern« (1. Tim 3,16) hinzu, was einen Teil der Inthronisation Christi bilde. Aber das »Mir ist gegeben alle Gewalt« wirkt wie ein Abschluß: Die Jünger werden »zum Boten für alle Völker«, »nicht aus eigener Vollmacht, sondern ‚in Seinem Namen' und durch die Macht Seines Königtums« (420). Zu diesem Auftrag an die Jünger führt »aber von dem alttestamentlichen Gedanken des Königtums Gottes noch ein anderes Band«. Im ersten Bund bedeutete Gottes Königtum, »daß sein Volk sich um ihn schare, sich an ihn halte und dem Voranziehenden folge; jetzt bedeutet dieses Königtum Jesu, daß alle Völker hinter diesem ihrem König hergehen, ... mehr noch das Folgen eines Schülers hinter seinem Lehrer« (S. 37/419).

Und »hier ist wichtiger als der Name die Tatsache: Siehe, ich bin bei euch. Eben die hier berichtete Begegnung« (Mt 28, 16 ff.) sei »ein Zeichen solcher Gegenwärtigkeit«; sie sei mit dem Kommen Jesu als des erhöhten Herrn »eine Offenbarung, wie Gott sich im Alten Testament« – also im ersten Bund durch seine Boten – »offenbarte; so wie Gott auf dem Sinai Mose durch sein Erscheinen beauftragte, so beauftragt dieser auf dem galiläischen Berge seine Jünger. Aber in solchem Vergleich« – und damit geht Lohmeyer auf das nicht Übereinstimmende zu – »wird auch der tiefe Unterschied erkenntlich, welcher zwischen jener alttestamentlichen und dieser neutestamentlichen Konzeption besteht und ihre eschatologische Art verdeutlichte: Der Gott des Mose blieb auch dem Mose unsichtbar, ein flammendes Feuer, wohnend in der Wolke, nur vom Rücken her zu schauen und an seiner Stimme zu vernehmen. Hier sehen die Elfe den Erhöhten, wie sie ihn im Leben gesehen haben, sie beugen sich, wie Fromme des Alten Testamentes sich vor Gott beugten, aber keine Furcht nimmt oder hemmt ihre Blicke auf diese offenbare Gestalt. In den schlichten Worten der Erzählung« des Matthäus lebe »etwas von der johanneischen Gewißheit: ‚Wer mich gesehen hat, hat den Vater gesehen' (14,9). Aber« — führt Lohmeyer seine genauen Beobachtungen vom *Unterschied*, freilich im Gottesbild dennoch untrennbaren *Zusammenhang* zwischen Juden- und Christentum fort — »dieses Äußere des Berichtes ist nur das Zeichen eines tieferen Unterschiedes, der in dem Grundgedanken selbst liegt: Jene alttestamentliche Offenbarung, welche in dem Namen JHWH gegeben ist und sich selber so deutet: ‚Ich werde da sein, als der ich da sein werde', behält Gott die Weise vor, in welcher er jeweils in der Zukunft sich offenbaren wird. Er legt sich niemals fest und läßt sich nicht festlegen, er wohnt in dem Geheimnis seines Willens auch da, wo er sich offenbart, aber er macht damit auch die Vorläufigkeit alles geschichtlichen Daseins zu dem Merkmal seines Offenbarseins«[37].

37 Ebd. — Anmerkend verweist Lohmeyer auf Bubers »Königtum Gottes« (was Schmauch, 426 wegläßt. Die nach Form und Inhalt einzigartige, alle früheren Arbeiten an den drei ersten Evangelien zusammenfassende Kommentierung des Matthäus, »gleichsam ... Ziel des Weges«, den Lohmeyer mit »Galiläa und Jerusalem«, »Kultur und Evangelium«, »Gottesknecht und Davidssohn« beschritten hatte, wie Schmauch im Vorwort zum Kommentar am 8.7.1955 schreibt, verlangt nach intensiver Erschließung. Wie die Exegese unserer Schlußverse (In memoriam, 22-49), die im Kommentar umgestaltet und nach anderen »Vorlagen« (?) bisweilen merkwürdig ergänzt und gekürzt wurde (vgl. Vorwort 7*), rückschauend eine inhaltliche Zusammenfassung bringt, also die fehlende Gesamteinleitung, wie für Markus 1937 (1-7 in Kleindruck) vorliegend, weithin ersetzt, kann nur das parallel vorgehende Studium beider Lohmeyertexte zeigen. Die Exegese in Aufsatzform (1945/1951) hat bessere Übersicht.

Lohmeyer kommt aus seinen sorgsamen exegetischen Arbeiten zu der abschließenden theologischen Erkenntnis von der *Endgültigkeit göttlicher Selbstmitteilung in Person und Werk Jesu Christi*, was mit dem Glauben »an den eschatologischen Herrn und« durch den »Gehorsam gegen seine Gebote« (S. 49) freilich mittels des christlichen Zeugnisses eine Erfüllung der jüdischen Glaubenserwartung ist:

»Hier steht nur mehr ein einfaches: ‚Ich bin bei euch!', und kein Vorbehalt für eine fernere Zukunft trennt mehr den Sprecher und die Angesprochenen. Der sich so offenbart, der ist gleichsam von Gott her festgelegt – in einem Leben, welches durch Kreuz und Tod zur Erhöhung führte –, und es gibt keine andere Weise mehr, in welcher er sich offenbaren könnte oder wollte. Er ist die Offenbarung Gottes ‚bis zur Vollendung der Weltzeit', und ihre Endgültigkeit und Endzeitlichkeit ist fast mit den gleichen Worten festgelegt, welche einst Gott vorbehielten, in dem immer Vorläufigen dieser Weltzeit sich je und je zu offenbaren.«

Und doch besteht in Gottes Handeln und für Glaubende beider Glaubensweisen im Gottesbild das unzerreißbare Band weiter. Alte und neue Thora, alte und neue Gerechtigkeit setzen andere Akzente; aber auch in diesen Unterschieden und dem nun endgültigen Gotteswort »erfüllt sich jene eschatologische Prophetie: ‚JHWH, ich bin da! ist mein Name' (Jes 42,8)«. So lehre dieser letzte Abschnitt des Matthäus-Evangeliums, der für die Jünger »die Magna charta ihres Lebens und Wirkens« ist (S. 44)[38], »den notwendigen inneren Zusammenhang und den ebenso notwendigen inneren Unterschied – kurz gesagt – zwischen Altem und Neuem Testament noch einmal erkennen«. Die Jünger, die der Erhöhte hier aussendet, »sind Kern und Mitte jener

---

38 Hier fehlt gegenüber 1945/51 im Kommentar 1962 (424 nach »s. unter 5«) ein Text von 38 Zeilen, der von 6 Zeilen ersetzt wurde, aber nur von Paulus nicht von der Parusie des Herrn in Galiläa, nicht von dem Auftrag der galiläischen Urchristenheit, bis zum Ende der Weltzeit den Völkern in aller Welt das Evangelium auszurichten, redet.

Jüngerschar, welche in Bälde alle Völker in sich befassen wird. Damit ist, wie weit auch dieser Befehl die Jünger in alle Welt führen möge, Galiläa zu dem Mutterlande alles Jüngertums eschatologisch erkoren, wie es das Mutterland des Evangeliums durch den Meister zu seinen Lebzeiten geworden ist und — so darf man nach 26,32 wohl hinzufügen ... — wie es einst die Stätte der Parusie sein wird« (ebd.).

Es ist »der gleiche Gott«, der sein Volk einst »leitete«, als es »aus Ägypten auszog zum Sinai«, »der jetzt dem Meister dieser Jünger die Macht im Himmel und auf Erden gab, seine Jünger auf ihrem Wege zu geleiten« (S. 45/424). Und zur Jüngerschar gehörig wie geleitet von diesem Herrn und Meister wußte Lohmeyer sich, wie wir aus dem Gefangenschaftszeugnis wissen, also bis zu dem bittersten Ende annehmen dürfen, ganz gewiß. Denn wer solche Überzeugung von der Inthronisation des Menschensohnes gewonnen hat und auch die zuletzt »als ein Vermächtnis unverletzt« (Schmauch S. 22) uns übermittelten Worte gegenwärtig hatte, bleibt im Rätsel äußerer Nöte und Leiden bewahrt. Mit diesem Glauben ist die Spannung ausgeglichen, »welche zwischen dem Glauben an Gottes Weltregierung und der tatsächlichen Weltherrschaft der gottlosen ‚Völker', zwischen der Verheißung ... und Unterdrückung besteht« (S. 34/417). Lohmeyer hat sie genug erfahren, ohne von ihr zerrieben oder zerrissen zu werden. Seine geistigen und geistlichen Voraussetzungen, denen wir wohl nähergekommen sind, waren diesen Anfechtungen gegenüber fest.

III.

Wenden wir uns schließlich der naheliegenden Frage zu, welche ausstrahlende und Leben mit Sinn erfüllende Kraft ein stellvertretendes Tun und Leiden von Menschen hat. Denn schon Erwählung heißt Stellvertretung; Bestimmtsein für eine besondere Aufgabe gibt nicht nur Verantwortung, Übermaß an Tätigkeiten für andere, sondern auch Einblick in anderer Menschen Kummer sowie Wissen um eigenes Versagen, Erfahrung von Leid, also Erwählt- und Berufenwerden setzt persönliche oder doch sachgerechte Eignungen voraus, wie es daraus mit diesem kleinen vorderasiatischem Volk sich ergab, das aus kleinen Stammesverbänden zum weltweit verbreiteten Glaubensvolk erwuchs. Gewiß ist es die Berufung und Gottes Führung und Erziehung selbst, die immer den Ausschlag gibt. Das Ziel der ersten Erwählung und das Ergebnis des folgenden Weges kommt nicht ohne Ihn. Das muß auf den einzelnen wie auf die Gruppe angewendet werden. Es läßt sich das wieder mit Lohmeyers historischen und religionsphilosophischen Erkenntnissen, an jüdischen und christlichen Erfahrungen gewonnen und bestätigt[39], abnehmen. Doch wir können es eingangs zu unserer Frage, die auch Lohmeyers eigenes Lebenswerk betrifft, mit etwas erweiterten Überlegungen aufbereiten.

Wir sollten an Lohmeyers Lebenswerk nicht herangehen und nicht an ihn denken, ohne dieses rätselvolle und dunkle Wegstück nach 1945 mitzubedenken. Sicher mit viel Zurückhaltung vor etwa Hochklingendem und überdeutendem Loben! Aber vom Lebensabschluß geht bei den Zeugen für die sogenannte Nachwelt immer viel aus. Nun haben von Lohmeyers Lebensende bisher keine Zeugen berichtet. Wir haben jedoch klar seine eigenen Bibelauslegungen, die viel über ihn selber mitteilen, und die leicht vermehrbaren Zeugnisse bedeutender Mitmenschen, die über ihn sagen, was der Umgang mit seinen gedanklichen Leistungen uns vorgab. Nahtlos paßt dazu, was er über sich selbst und sein inneres Empfinden auf Zetteln während der Greifswalder Haftzeit mitteilte[40]. Das, was auf einen Menschen wirkt, was er auf-

---

39 Das bezogen auf die in Anm. 3 genannten Arbeiten, aber auch auf die Einleitung zum Philipperbriefkommentar; die Seitenzahlen im Text nach diesen Quellen.
40 Frau Gudrun Otto ist zuzustimmen, daß diese Texte vor einer wirklichen, das Geschick Lohmeyers vollständig erhellenden Klärung verschlossen bleiben müssen.

nimmt und in sich weiterentwickelt oder unbemerkt wie von selbst sich auswirkt, betrifft das eigentliche, innerste Empfinden und Wesen. Es ist mit vielem vorgegeben, Herkunft, Zeit, Anlagen. Das jeweilige »Ich« mit seiner Geschichte, das nun aus der Hand des Schöpfers zu denken ist und mit seinem Leiten »Zeit« wird, »seine Zeit hat und lebt«, ist kein leeres Blatt. Wie ein sachbestimmtes Gefäß empfängt es, was ihm zugehört. Von außen kommt manches, was Richtung und Art der Entwicklung bestimmen mag, aber wirklich aufnehmen wird der Mensch, was seinem Inneren entspricht. Das innere Selbst und Sein, gleichsam von Gott her in einem Einzelnen, und wieso nicht auch für eine Familie, Gruppe, ja durch geschichtliche Schicksale und natürliche Zusammenhänge für ein Volk und für Nationen, wenn diese zusammenschließenden Begriffe Sinn haben, bestimmt den Weg mit. Viel ist gleichsam von Gott her festgelegt, jedenfalls für den Glaubenden.

Das soll nicht bis zuletzt untersucht werden. Es ist zu differenziert und fast undurchschaubar, wie alles vor sich geht. Der Zug des Geistes ist es, der den Schwung gibt, und sein Feuer, das den bereiten Leuchter entzündet. Was Lohmeyer da sieht, denn um ihn und nicht um allgemeine Erwägungen muß es hier gehen, wenn er in seinen reifsten Texterklärungen, auch aus dem Zusammenklang mit seinem eigenen, zuinnerst so Bestimmtsein zum Sehen, das gesehen und ausgeführt hat, von dem sein Werk jedem Unbefangenen Kunde bringt, überwältigt durch die Nüchternheit, Klarheit und Schärfe des Urteils. Man hat ihn als den genialsten Theologen seiner Generation (Otto Haendler) und als den »Ferdinand Christian Baur« unseres Jahrhunderts bezeichnet (Erik Esking). Lohmeyer verrät sich in den Stellungnahmen und auch in seinen geistigen Sehweisen bei seiner Bibelerklärung ungewollt selber. Wenn Lohmeyer so entschieden argumentieren kann über den eschatologischen Herrn der Evangelisten und Jünger, sagt das gewiß viel über die Texte, aber noch mehr über seine Beobachtungsgabe aus. Wer das innere Auge zum rechten Sehen durch Gottes Wirken an ihm nicht gebildet bekommen hat, der »sieht« eben nichts Rechtes.

Es ist kaum verwunderlich, daß in Zeiten der Bedrückung bis zur Verfolgung des Glaubens das Martyrium ernster genommen wird als in ruhigen Zeiten. So widerfuhr es den Juden oft, und es läßt sich »mit Recht sagen, daß die jüdische Religion eine Religion des Martyriums gewesen sei« (238)[41], wie Lohmeyer im April 1927 in Paris ausführte. Bemerkenswert also, daß Esking in Aufnahme und Weiterführung der Forschung nach dem Zweiten Weltkrieg Anfang der 50iger Jahre konstatiert[42], wie die Frage nach dem Wesen des Martyriums, speziell des urchristlichen, »sich innerhalb der exegetischen Forschung ein immer größeres Interesse zugezogen« habe, was seine Ursachen in »einer völlig neuen Lage für die Kirche in den meisten Ländern« finde. Es sei »von außerordentlichem Gewicht, den Zusammenhang zwischen der Weltlage und der neueren Märtyrerforschung zu beobachten«. Dies habe es nämlich im Unterschied zur Vorstellung des modernen säkularen Menschen – »oft unter dem Einfluß der religionsgeschichtlichen Forschung, im Märtyrer eine heroische Gestalt von Erlöserausmaß« zu sehen[43], – einsichtig und »natürlich gemacht, bei

---

41 Lohmeyer unter Berufung auf W. Bousset, Religion des Judentums, S. 374.
42 Die Literatur nach Esking (s. Anm. 3) ist reichlich. Aufschlußreich, daß in E. Stauffer, Märtyrertheologie und Täuferbewegung (1933!) nicht zufällig zu lesen ist: »Die Märtyrertheologie bleibt lebendig, solange die Kirche Christi eine Märtyrerkirche bleibt« (ZKG 52,549). Das erinnert an das Beispiel der Theologie von Thomas Müntzer, die weithin Martyrologie war (vgl. H.J.E. Beintker beim Vergleich von Luthers und Müntzers Kreuzesverständnis, in: Wiss. Zeitschr. der Friedrich-Schiller-Universität. Ges. spr. wiss. R. Jena 1989 H. 4/5).
43 Esking bezieht auf H.W. Surkau, Martyrien in jüdischer und frühchristlicher Zeit, FRLANT N.F. 36 H., S. 8. Er erinnert, daß Luther und reformatorische Überzeugungen zwar selbst martyrologische Bereitschaft haben, aber anders als altkirchliche Anschauungen »das Verdienst der Heiligen« und Märtyrer nicht als »einen *thesaurus* von

der Deutung des Wesens des Martyriums vom *Leidens- und Todesgedanken* als solchem auszugehen: das Martyrium wird gewissermaßen der Übergang von einer Existenz zu einer anderen« (S. 224f.).

Esking mindert die einmalige Bedeutung des Todes Jesu keineswegs, weist aber auf Tendenzen einer liberal inspirierten Forschung, die in Parallele zum Bild vom »historischen Jesus« für die Märtyrerbewertung »einen Versuch zu persönlich-ethischer Umdeutung in sich schloß« (S. 226). Hier kommt nach Esking der exegetischen Behandlung dieser Fragen durch Lohmeyer, sowohl im Beitrag von 1927 wie im Philipperbriefkommentar 1930, auf die wir beide noch näher eingehen müßten, entscheidende Hilfe für die theologische Sicht christologischer und martyrologischer Probleme. Sofern der Todesgedanke – wohl unaufgebbar – als ein »Hauptmotiv der Märtyreranschauung mit einer metaphysisch-meritorischen Auffassung zusammenzuhängen scheint«, für andere aber das Martyrium »vor allem ein treues und ausdauerndes Bekenntnis« ist und sein Wert »einzig und allein im göttlichen Wort« liegt (S. 228f.), war es »Lohmeyers Verdienst« beides zusammenzufassen: »In dem Begriff des Martyriums treffen sich zwei große Gedankenkreise; es sind die Gedanken von dem religiösen Sinn des Leidens und der zeitlichen Notwendigkeit des Bekennens« (233). Das Martyrium war für ihn also nie gewählt, sondern »zugleich Leidenszwang und Bekenntnispflicht« (Esking S. 230). Auch »Stellvertretung« gehört zur »jüdischen wie zur urchristlichen Märtyreranschauung«; denn »Märtyrer sein heißt, eine doppelte Gnade der Vertretung tragen, für Gott und Christus und für die Gemeinschaft der Gläubigen ...; was der Märtyrer leidet und bezeugt, das leidet und bezeugt er für sie« (Phil 46).

guten Werken« anerkennt, sondern »Christus allein als Versöhner« hinstellt (S. 225). Religionsgeschichtliche Orientierung stellt das *sola* gern und oft zurück.

Der Christuszeuge vertritt Gott und Christus vor der Welt, und durch sein Leiden und Sterben wird er Märtyrer. Das ist nach jüdischer und christlicher Erfahrung so: er »bekannt zunächst seinen Glauben oder seinen Gott durch sein Wort« (233). Er vertritt aber auch »die Gemeinde und die Welt vor Gott«[44], wie Esking bei der Aufnahme von Lohmeyers Gedanken feststellt (S. 231). Fraglich scheint mir, — gerade auch angesichts der Weltvertretung, die Lohmeyer durch sein Geschick wahrmachen und schließlich doch auch bewähren mußte — ob es »sich hier« (wie Esking Lohmeyers ausgearbeiteten Pariser Vortrag religionsphilosophisch auswertet) »um Sünde und Schuld« *nicht* handele, sondern nur »um einen durch die Zwei-Welten-Metaphysik notwendig gemachten Mittlergedanken«[45]. Das führt auf Hegelsche »Begriffsdialektik« und sieht Lohmeyer zu einseitig »mit der von Schleiermacher ausgehenden Tradition in der evangelischen Theologie« zusammen. Daß er Jesu Leiden »als eine religiöse Kategorie beschrieben« (S. 232) hat, hebt nicht auf philosophische Kategorien ab. Hier wäre auch die deutliche Abkehr Schleiermachers (und auch Kierkegaards) von Hegels »mächtiger Totalschau der Entwicklung und des Wesens des Urchristentums« (ebd.) zu beachten. Vielmehr sind bei Lohmeyer die Gedanken ganz auf biblische Voraussetzungen gegründet; darin ist er Luther und Kierkegaard

---

44 Das wirft einen unerwarteten Lichtblitz auf eine Gott gegenüber sich vollziehende Vertretung, die so viele im Leid »warum gerade ich?« fragen läßt. So nicht Lohmeyer, der die Fragen des Martyriums schon vom Text her in Kommentaren zum Philipperbrief und zur Johannesoffenbarung tief erfaßte. – Propst Erling Stougaard-Thomsen wies mich auf diese Stellvertretungsart hin, die Dostojewski in seinen Erinnerungen »Aus einem Totenhaus« berichtet. Wenn die Verurteilten nach Sibirien zogen in den wahrscheinlichen Tod und unterwegs von Bauern und armen Leuten mit Brot gespeist wurden, hieß es: »ihr leidet für unsere Sünden«.

45 Ebd., S. 231. Esking folgert in seiner Sicht, daß »dieser Dualismus ... doch äußerst dazu bestimmt sei, »in einem transzendentalphilosophischen Monismus aufgehoben zu werden«.

viel näher als etwa philosophischen Strömungen des Deutschen Idealismus. Denn 1927 schrieb er: »In dem Martyrium des einzelnen Frommen wird die geschichtliche und religiöse Bestimmung der Gemeinschaft beispielhaft vollstreckt, der er zugehört« (241).

Das macht die jüdische und christliche Märtyrerauffassung aus. Im »Schicksal des Märtyrers« faßt sich »das Schicksal des Volkes zusammen«; er ist als sein Glied »der Exponent seiner geschichtlichen und religiösen Bestimmung«, nämlich »daß dieses« Volk, – und das gilt für die Christen ebenso als Volk Gottes durch den Glauben und die Erwählung in der Gemeinschaft mit Christus – daß dieses verachtete und verfolgte Volk »unter den Völkern zugleich das von Gott erkorene ist« (237).

Wie diese Erkenntnis in ihrer reinen Tiefe »erst in allmählicher Entwicklung« (ebd.) für den einzelnen Zeugen erarbeitet wurde, auch z.B. beim Begriff »Gottesknecht« »eigentümlich zwischen Individuum und Kollektivum schwankt« (235), sich jedenfalls immer auf »die drei Mächte, die für den jüdischen Glauben konstitutiv« waren, bezieht, nämlich auf »Gott, die Völker und die eigene Gemeinschaft« (236), können wir hier im Wiedergeben der Exegesen Lohmeyers nicht darlegen. Besonders auch im Philipperkommentar findet man zu den Texten vom Martyrium des Paulus allgemeingültige Ausführungen. »Person und Sache« werden in dem »gottgegebenem Augenblick eines«. »Denn das Martyrium hat die unendliche Bedeutung, seinen Träger zu dem ‚vollkommenen' Repräsentanten des Evangeliums zu bestimmen«; sein persönliches Geschick bedeutet den »Triumph Christi« (5); »der Gedanke, daß wer ‚in Christo' Leiden trägt, in besonderem Sinne Träger seiner Offenbarung ist« (40), ja daß der Tod Christi im Tode des Märtyrers »gegenwärtig« ist (140), zeigt, wie entschieden für Paulus wie für Lohmeyer die Sache Christi *Gottes Sache* ist (54); denn »Christus wäre nicht der göttliche Herr, würde er nicht als solcher allenthalben gepriesen«. So liege in dieser »einzigartigen Stellung« eine Tendenz zum »Universalismus«. Sie liege schon im Judentum: »Aus ihm bricht sie in Sehnsucht und Hoffnung hervor, und Paulus hat sie in seinem Wort und Werk lebendig gemacht« (56). Die eschatologische Klammer zwischen Juden und Christen bleibt.

Das Ende wird »die Verherrlichung des Volkes oder der Gemeinde bringen«, wie Lohmeyer 1927 sagte; »um das Kommen der Endzeit« müssen vor allem die Märtyrer bitten, sonst wäre ihr Tod »sinnlos«. Aber er ist »das Siegel der Gewißheit« (241), was die Geschichte von Jesu Leiden und Tod, »das höchste Beispiel urchristlichen Martyriums«, von Gott her gebracht hat. Und so schließt sich der Bogen: der Erzmärtyrer Stephanus hat in seinem Zeugenwort »den Sinn aller von Gott geleiteten Geschichte, den der Märtyrer durch Wort und Beispiel in der Gegenwart darstellt,« erfahren, und so »den bleibenden ... Gegensatz von Gott und Volk« aufgezeigt, aber vertretend überwunden: »Der Sterbende sieht den Himmel« offen (Apg 7,55), »und wie es in einer einzigartigen Wendung heißt, Christus *steht* zur Rechten Gottes, wie um ihn zu empfangen und ihn in ein Reich ewiger Vollendung heimzuführen« (245).

Klar scheint, daß Öffentlichkeit und Evangeliumsbekenntnis auch im Tode dazu gehören. Also kann z.B. Bonnhoeffer trotz seines ganz mit Christus gelebten Lebens und trotz des mit ihm immer tiefer durch Gefängnis und Tod vereinten Glauens eigentlich nicht Märtyrer genannt werden. Doch war es ja die feste Glaubensgewißheit, die ihn auf diesen Leidensweg brachte. Nicht anders Lohmeyer. Es waren die letztlich vom Glauben in einem christlichen Verantwortungsbewußtsein geleiteten Entscheidungen in Breslau und in Greifswald, die ihn auf seinen Leidensweg führten. Das weitestgefaßte Würdigen, in dem »der erste Weltkrieg auf katholischem Boden die Frage aktualisierte, ob die Gefallenen, die für ihr Land gestorben waren, Märtyrer genannt werden könnten«[46], und

---

46 R. Hedde, Artikel »Martyre« in Dictionnaire de Théologie Catholique X (1928), Sp. 230 (zit. nach Esking, S. 224 Anm. 2).

dem in den europäischen Kirchen die Gefallenentafeln so etwas wie eine allgemeine Zustimmung brachte, beruhe auf sich. Aber unumgänglich ist es auch bei großer Zurückhaltung mit irgendwie festgelegten Begriffen und Vorgängen und unerläßlich ist es einzutreten für die volle Klärung des nur »stellvertretend« gelitten und gestorben nach falschem Gerichtsurteil. Den Sinn zu finden, wenn Lohmeyers Tod nicht als »sinnlos« empfunden, wenn nicht alles um ihn möglichst totgeschwiegen werden sollte, gibt es einige mutige Versuche. Schmauch etwa, der als sein Schüler[47] und nicht zuletzt als Co-Präsident der Prager Christlichen Friedenskonferenz (CFK) für ihn eintrat, könnte auch für Greifswald beispielgebend nachwirken[48].

Der Lichtstrahl, der mit jedem stellvertretenden und oft verächtlich gemachten Eintreten von relativ schwachen christlichen Gruppen für den Frieden in der Welt die wirklichen Verhältnisse erhellend trifft, muß weit zurück reichen, um mehr als eine »Rehabilitation«![49] zu bewirken. Lohmeyer hat, wie wir sahen, die Fragen des *Martys*, der im Tode zum Märtyrer werden kann, tief erfaßt, schon vom

---

47 In diesem Sinne vgl. das Vorwort zu Lohmeyers nachgelassenem Fragment des Kommentars zum Matthäus-Evangelium, Göttingen 1955, und das »In memoriam« im gleichlautenden Aufsatzband (1951), S. 9–16. Schmauch notiert darin: Dieser Band war am 60. Geburtstag schon weit gediehen, »aber auch die Sorge um sein Leben war weiter gestiegen«. Ostern 1951 erhielt er »von den Angehörigen die gefürchtete, unbegreifliche Nachricht«, aus der er zitiert, was »ihnen zur Gewißheit geworden« war, »daß D. Dr. Ernst Lohmeyer, o.ö. Professor der Theologie und nach 1945 erster Rektor der Universität Greifswald, bereits im Herbst 1946 im Alter von 56 Jahren aus dem Schrecken dieser Zeit in Gottes ewigen Frieden gerufen wurde«. Erst 1958 kam die amtliche Todeserklärung.

48 Die Universität Greifswald plant ein Ehrenkolloquium zu seinem 100. Geburtstag, die Theologische Sektion für den Studienjahresbeginn im September Gedenkveranstaltungen.

49 Nicht »Rehabilitation« des zu Ehrenden ist erforderlich, sondern Eingeständnis von Machtmißbrauch und Unrecht.

biblischen Text her, besonders in den Kommentaren zum Philipperbrief und zur Johannesoffenbarung. »Wie persönlich ihn diese Fragen selbst einmal betreffen würden, ahnte er wohl kaum«, schrieb G. Saß 1981[50]. »Daß die Märtyreranschauung« m.E. und doch wohl fraglos für jeden, der Lohmeyer nur etwas näher kannte, seinen letzten Lebensabschnitt unter Luthers Motto von der Stärke im Stillesein und Hoffen, also in die *fiducialis desperatio*, in die »getröstete« und durch den Glauben »heilsame Verzweiflung« an sich selbst[51], gestellt hat, und, wie Esking seine Untersuchungen schließt, »zu dem Bleibenden darin gehört, hat Ernst Lohmeyer auch durch seinen persönlichen Einsatz bewiesen« (S. 332). Es sei jedem, den der Bericht von seiner Stellung zum Judentum und die Kunde von seinem Schicksal erreicht, aufgetragen, die ihm mögliche Hilfe zur Klärung und damit Sinngebung des letzten Weges unseres Hundertjährigen zu geben.

---

50 Die Bedeutung Ernst Lohmeyers für die neutestamentliche Forschung, Deutsches Pfarrerblatt 8/1981, S. 358. Saß führt hier zur Deutung des dunklen Wegstückes E. Schaper an; wer wie Lohmeyer »das Antlitz der wahren Dinge und Probleme« sucht, stoße unausweichlich auch auf das Phänomen, daß »die Macht der Ohnmächtigen« sich in ihrem Unterliegen offenbart. »Das Kreuz ist eben mehr als nur Symbol«, setzt Saß hinzu (s. o. Anm. 21).
51 Vgl. zu Luthers Motto nach Jas 30,15 und zur heilsamen »getrosten Verzweiflung« H.J.E. Beintker, Leben mit dem Wort. Handbuch zur Schriftauslegung Martin Luthers, Erlangen 1985, Nr. 7 und 321, sowie in der Studie zu Luthers Theologie: Die Überwindung der Anfechtung, Berlin 1954, S. 128 und 190. Bei Luther selbst in Weimarer Ausgabe, Abt. Briefe (WA B) 1, 35,15 ff.; Abt. Tischreden (TR) 3,475 (Nr. 3643); im Psalmenkommentar 1519–1521: WA 5, 400,33 ff.; 575,29 ff.; 578,36 ff.

WOLFGANG OTTO

Ernst Lohmeyer und Jochen Klepper

Jochen Klepper hatte 1922 am Staatlichen Ev. Gymnasium in Glogau die Reifeprüfung bestanden. Mit dem Sommersemester 1922 begann er an der Friedrich-Alexander-Universität in Erlangen das Studium der evangelischen Theologie. Nach zwei Semestern, bestandenem Hebraicum, ging er zum Sommersemester 1923 an die Theologische Fakultät nach Breslau.

Aus dem Erlanger Abgangszeugnis geht hervor, daß sich Jochen Klepper bereits in den ersten beiden Semestern neben der Theologie auch mit künstlerischen Themen beschäftigt hatte. Er hatte neben den theologischen Fachvorlesungen an Seminaren und Kollegien u.a. über die »Deutsche Kunst bis Dürer«, »Nordische Dichter und Denker«, sowie »Theorie der Musik« teilgenommen[1].

Vom Sommersemester 1923 an studierte Jochen Klepper sechs Semester evangelische Theologie in Breslau.

»Er gehörte [*wie Kurt Ihlenfeld berichtet*] zum engeren Hörerkreis von Prof. Ernst Lohmeyer ... Er verkehrte in dessen Hause, ich meine, es sei nicht zuletzt das sehr spürbare künstlerische Element in Lohmeyers Persönlichkeit gewesen, das ihn zu jenem zog — wie es der schwere lutherische Ernst von Professor Rudolf Hermanns Theologie war, dem er unauslöschliche Eindrücke verdankte.«[2]

---

1 R. Thalmann, Jochen Klepper. Ein Leben zwischen Idylle und Katastrophen, München 1978, S. 32.
2 K. Ihlenfeld, Freundschaft mit Jochen Klepper, Wuppertal 1967, S. 6f.

Eine enge Verbundenheit mit Ernst Lohmeyer prägte diese Breslauer Studentenzeit Jochen Kleppers. Eine Kommilitonin Kleppers erzählt im Rückblick auf ihre Breslauer Studienzeit:

»Die Erinnerung beschränkt sich auf Jochen Klepper und Johannes Fichtner ... wir drei waren gleichaltrig, sehr verschieden in Temperament und Anlagen, aber jeder schon theologisch geprägt, Fichtner von Steuernagel als Alttestamentler, ich von Paul Tillich als Systematiker, und Klepper war damals von Lohmeyer beeindruckt.«[3]

Harald Poelchau, der spätere Berliner Gefängnispfarrer, schreibt zu seiner gemeinsamen Studentenzeit mit Jochen Klepper in Breslau: »Klepper hörte damals Lohmeyer und Erich Seeberg. Sie zogen ihn an.«[4]

Die wirtschaftlichen Verhältnisse der zwanziger Jahre waren für viele Studenten schwierig. Die Theologische Fakultät Breslau hatte deshalb einen Hilfsdienst eingerichtet, durch den Studenten regelmäßig bei Professorenfamilien am Mittagstisch teilnahmen. Auf diese Weise kam Jochen Klepper für längere Zeit als gern gesehener Tischgast in das Haus und die Familie Ernst Lohmeyers, so daß über das Studium hinaus eine persönliche Freundschaft entstand. Frau Lohmeyer erinnert sich später noch genau an diese Besuche: »Er hatte« – bemerkt sie rückblickend – »in dieser Zeit schon eine richtige Getriebenheit in sich, zu formen und zu gestalten ...«[5]

Klepper hatte bei Lohmeyer u.a. dessen Vorlesungen über die synoptischen Evangelien sowie die Geschichte des jüdischen Volkes gehört. Es war aber nicht nur die Theologie, die Klepper an Lohmeyer faszinierte, sondern – wie Kurt Ihlenfeld es ausdrückte: das künstlerische Element in Lohmeyers Persönlichkeit. Ernst Lohmeyer war damals nicht nur ein

---

3 I. Jonas, Jochen Klepper. Dichter und Zeuge, Berlin 1968, S. 16.
4 G. Wirth, Jochen Klepper, Berlin 2. Auflage 1981, S. 7; vgl. H. Poelchau, Die Ordnung der Bedrängten, Siebenstern Nr. 45, 1963, S. 78.
5 R. Thalmann, a.a.O., S. 34.

anerkannter theologischer Lehrer, er stand auch dem Stefan-George-Kreis nahe, hatte ein Empfinden für dichterische Formen, beschäftigte sich mit Fragen der Ästhetik. Über Ernst Lohmeyer lernte Jochen Klepper in jenen Jahren auch den jüdischen Arzt und Philosophen Richard Hönigswald kennen. Hönigswald war nicht nur ein persönlich Lohmeyer lebenslang verbundener Freund, philosophisch hat er das Denken Ernst Lohmeyers mitbestimmt. Klepper begleitete Lohmeyer zu Vorträgen und Gesprächen mit Richard Hönigswald und wurde so durch Ernst Lohmeyer in die damalige Welt des gebildeten Judentums eingeführt[6].

In der Begegnung Kleppers mit Ernst Lohmeyer in den zwanziger Jahren in Breslau zeigen sich bereits die drei großen Themen, die Werk und Schicksal Jochen Kleppers bestimmen:

> die Theologie — die Gebundenheit an das biblische Wort,
> die Kunst — Auftrag der Kunst, die Spannung, Künstler und Christ zu sein,
> das Judentum — Verständnis für das Judentum, nicht ahnend, daß ihm dieses zum persönlichen Schicksal werden sollte.

Diesen drei Themen — Bibel, Kunst, Judentum — gilt es im folgenden in Leben und Werk Jochen Kleppers und Ernst Lohmeyers genauer nachzugehen.

1. Jochen Kleppers Verständnis einer Theologie in Versen bzw. Dichtung als Exegese und die Theologie Ernst Lohmeyers

Sicherlich auch durch Rudolf Hermann bzw. Luthers Theologie war Kleppers Leben und Werk ausgerichtet auf das biblische Wort — gerade in der Gestalt der lutherischen Über-

---

6 A.a.O., S. 39.

setzung. »Das Wort allein« erklingt in seinen Liedern, ist die innere Stimme seines großen Romans »Der Vater« und begleitet ihn durch jeden Tag, wie es seine Tagebücher bezeugen. Aber es ist doch nicht zufällig, daß Klepper selbst sein Dichten mit der Bibel als »Dichtung als Exegese« bestimmt, Exegese, wie er sie bei dem Exegeten Ernst Lohmeyer gelernt hatte.

Jochen Klepper hatte zwar sein Studium nicht abgeschlossen, es wahrscheinlich bereits im November 1926 abgebrochen; lange Zeit nicht schlüssig zwischen der theologischen Laufbahn und der Verwirklichung als freier Künstler schwankend, wählte er schließlich den Weg als Schriftsteller und Dichter. Aber er hat damit die Theologie nicht hinter sich gelassen. »Ich habe meinen Weggang von der Universität nie als eine Inkonsequenz empfunden. Ich sehe das Theologiestudium als eine unbedingt notwendige Vorbereitung zu meinem künstlerischen Beruf«, schrieb Jochen Klepper im Frühsommer 1929 an Rudolf Hermann[7]. Jochen Klepper hat die Theologie in seine schriftstellerische Arbeit mit hineingenommen. Ilse Jonas, eine Mitstudentin jener Breslauer Jahre, sagt deshalb:

»Nun — er war Theologe! Wir ahnten nicht, daß ihm die Theologie einmal zu einem Problem des Autors werden würde, und umgekehrt: das Künstlertum zu einem solchen der Theologie.«[8]

Klepper hat die Theologie niemals hinter sich gelassen, und so blieb er auch seinen beiden ihn besonders geprägt habenden theologischen Lehrern dankbar verbunden: »Ernst Lohmeyer und Rudolf Hermann waren seine Lehrer, denen er zeitlebens treu anhing.«[9] Das zeigt sich in seinem Verständnis als christlicher Dichter, dessen Wort sich ableitet vom biblischen Wort als dem Wort Gottes. Dies gilt für

---

7 Wirth, a.a.O., S. 9.
8 Jonas, a.a.O., S. 37.
9 Ihlenfeld, a.a.O., S. 53.

Kleppers gesamtes dichterisches Werk – auch seinen Roman »Der Vater«, nicht nur, daß über jedem Kapitel ein biblisches Wort steht, vom biblischen Wort her ergibt sich erst das Verständnis des Romans als »historischer Roman«, wie Hans von Arnim ihn sieht, oder in der Herausstellung des Preußischen als des Konstitutiven, wie Kurt Ihlenfeld es tut, oder in der Deutung Harald von Koenigswalds, eines Freundes Kleppers, wenn er schreibt:

»Es war ein ganz neues Bild vom Soldatenkönig, und es war in einer aufregenden Weise politisch aktuell. In diesem König, der das Wort Gottes und die Forderung Gottes an den Menschen vor seinem Gewissen so ungeheuer ernst nahm, daß er darunter litt, ja, an der Bürde seines Amtes fast zerbrach, war ja das Gegenbild aufgerichtet zu dem Gewissenlosen, dem Verhängnisvollen, dem Bösen, das in Hitlers Haltung so erschreckend sichtbar geworden war: die Lüge, die Ungerechtigkeit, die Willkür, die bedenkenlose Ausnutzung der Macht.«[10]

Den Begriff des »Gegenbildes« hat auch Ilse Jonas in ihrer Darstellung herausgestellt, und gerade dieser Begriff gewann vom biblischen Wort her seinen Inhalt. So schreibt Klepper selbst:

»Man kann auf die eine Seite immer die Ereignisse seines (Friedrich Wilhelms) Lebens schreiben und auf die andere die David – Absalom – Salomo – Geschichte.«[11]

Günter Wirth, anknüpfend an Luther, wonach alles Schreiben in die Schrift und zur Schrift weisen sollte, sieht als Aufgabe des christlichen Epikers, die Führung eines Menschen durch Gott zu gestalten. So ist Kleppers Roman »Der Vater« vom biblischen Wort her ein Herrscherspiegel, darin auch ein Modell, eine Utopie gesellschaftlicher Ord-

---

10 Wirth, a.a.O., S. 14; J. Klepper, Der Vater, Stuttgart, Berlin 1937.
11 F. Laubscher, Jochen Klepper und Reinhold Schneider. Eine Freundschaft, in: R. Wentorf, Nicht klagen sollst du: loben, Gießen/Basel 1967, S. 98–123.

nung und zwischenmenschlicher Beziehung[12]. Auch die Tagebucheintragungen Jochen Kleppers »Unter dem Schatten deiner Flügel« stehen jeweils unter einem biblischen Wort, meist dem Losungswort des Tages. Es ist interessant, dem nachzuspüren, wie das jeweilige Bibelwort in Beziehung steht zu den festgehaltenen Eindrücken und Ereignissen des Tages. Am unmittelbarsten ist die Beziehung vom biblischen Wort zum dichterischen Wort Jochen Kleppers in seinen geistlichen Liedern und Gedichten, dem »Kyrie«.

In seinem Aufsatz »Das göttliche Wort und der menschliche Lobgesang«, erschienen 1939 im »Buch der Christenheit«, hat Jochen Klepper, wie Paul Gabriel es ausdrückt, seine »Liederlehre« dargelegt. Sie hat darin ihr Besonderes, daß Kleppers Lieder und Gedichte »Heimkehr zum Wort« sind, darin Absage an den Subjektivismus; es fehlt ihnen jede Lyrik, d.h. jede Hervorhebung der Bewegung des Subjektiven[13]. In seinen geistlichen Liedern verwirklicht Klepper am vollkommensten seine Vorstellung von Dichtung als Exegese bzw. sein Verständnis einer Theologie in Versen, den Bezug von Theologie und Kunst.

Ein Jahr vor dem Erscheinen dieses grundsätzlichen Aufsatzes von Jochen Klepper war in der Zeitschrift für systematische Theologie (15. Jhg. 1938/Heft 3) Ernst Lohmeyers Aufsatz »Vom Sinn der Gleichnisse Jesu« erschienen[14], ein Aufsatz, der ein zentrales Thema der Arbeiten Ernst Lohmeyers zu den Synoptikern, seiner Synoptiker-Vorlesung, die Jochen Klepper gehört hat, wie seiner Kommentare zum Markus- und Matthäusevangelium aufgreift. Beim Lesen beider Aufsätze drängt sich die Frage auf, ob Jochen Klepper diesen Aufsatz von Ernst Lohmeyer gekannt hat. Klep-

---

12 Wirth, a.a.O., S. 27.
13 A.a.O., S. 29; J. Klepper, Kyrie, Berlin 1938.
14 E. Lohmeyer, Vom Sinn der Gleichnisse Jesu, in: Zeitschrift für Systematische Theologie, 1938, Heft 3; wieder abgedruckt in: E. Lohmeyer, Urchristliche Mystik, Darmstadt 1958, S. 125–157; W. Harnisch, Gleichnisse Jesu, Darmstadt, 1982, S. 154–179.

pers Verständnis des Wortes, speziell der Gleichnisse, deckt sich fast bis in den Wortlaut mit Lohmeyers Aussagen. Hier zeigt sich die theologische Prägung Jochen Kleppers durch Ernst Lohmeyer, ob nun aus diesem Aufsatz, von den Kommentaren oder der Synoptikervorlesung Ernst Lohmeyers her.

In der Einleitung seines Aufsatzes »Das göttliche Wort und der menschliche Lobgesang« begegnet bereits Kleppers Grundthese: »Das ewige Wort im Buche des Lebens ist der Maßstab für alles irdische Wirken am Worte.«[15] Klepper fährt fort — und darauf zielt seine Einleitung unter der Überschrift »Offenbarung und Dichtung« ab:

»So fest und unverrückbar dieses Wort aber auch steht als Gesetz und Offenbarung, läßt die Bibel doch keinen Zweifel darüber zu, daß die biblische Verkündigung, wo sie aufgenommen und neu geprägt wird von der dichterischen Darstellung, ausgesagt sein will als göttliches Geheimnis, wie es am vollkommsten zutage tritt in den Gleichnissen Jesu. Von ihnen in ihrer unfaßlichen Symbolik her wird begreifbar, was die große Kunst des Wortes ist.«[16]

Nicht zufällig faßt Klepper am Ende seines Aufsatzes unter der Überschrift »Die Gleichnisse Jesu Christi« zusammen:

»In den Gleichnissen des Menschensohns wird die geoffenbarte Gotteswirklichkeit dem menschlichen Worte am faßbarsten. Im Gleichnis hat Christus gewiesen, wie weit wir uns bescheiden müssen mit der Verehrung des Geheimnisses. Das Gleichnis selbst deutet die Gotteswahrheit und stellt die Gotteswahrheit dar in irdischen Begebenheiten und Tatbeständen, in der Beschreibung der Erdenwirklichkeit...«[17]

In den Gleichnissen Jesu, ihren Worten, Bildern und Zeichen, sieht Klepper die völlige Einswerdung von Verkündi-

---

15 J. Klepper, Das göttliche Wort und der menschliche Lobgesang, in: Das Buch der Christenheit, Berlin 1939, S. 129.
16 A.a.O., S. 129.
17 A.a.O., S. 159.

gung des Gotteswortes und deutender und darstellender Dichtung. Zunächst versteht Klepper das dichterische Wort in Anlehnung an das dichterisch gestaltete Wort der Psalmen. Drei Psalmworte haben für ihn besonderes Gewicht:

Ps 106,12: »*Da glaubten sie an seine Worte und sangen sein Lob.*« In diesem Psalmwort sieht Klepper alles zusammengefaßt, was sich vom Wort Gottes und den Dichtern überhaupt sagen läßt. Aus dem Glauben an das vorgegebene göttliche Wort gestaltet sich der menschliche Lobgesang. Aufgrund dieser Vorgegebenheit – und nicht von der schwärmerischen oder schweifenden Subjektivität her – ist die Gestalt und Schönheit menschlichen Lobgesanges durch die Nüchternheit der Sprache und Bilder bestimmt. Die Nüchternheit der Sprache ist Klepper ein besonderes Anliegen: »Die Forderung der Nüchternheit bedingt, daß die dichterische Beschreibung ... zurücktritt hinter der Aussage der Heiligen Schrift selbst.«[18]

Ps 81,11: »*Tue deinen Mund weit auf, laß mich ihn füllen.*« in »nahezu erschreckender Gewalt des Ausdrucks« sieht Klepper hier jenen Vorgang, der am Anfang aller Dichtung steht: sie kann nur geschehen aus der Heiligen Schrift, in der Gott selbst zum Menschen redet. Aus der Anrede Gottes folgt der Anspruch, »die Zucht«, in die Gott den redenden Menschen nimmt:

»Alle Antwort der Dichter ist ... in der Schrift aufgezeichnet, vorgeschrieben, aus ihr abzulesen, in ihr festgelegt, in welcher Vielfältigkeit auch die Dichter auf die Anrede Gottes antworten, vor dem Anspruch Gottes sich verantworten mögen.«[19]

Ps 17,4: »*Ich bewahre mich in dem Worte deiner Lippen vor Menschenwerk.*« Dieses Wort – das wichtigste für Klepper – greift ins innerste Gefüge christlicher Dichtung, »es fegt alles davon, was sich an Pseudo-Wortschöpfungen und

18 A.a.O., S. 130.
19 A.a.O., S. 139.

modischen Wortverbindungen und -erfindungen, am Wortgeklingel und am aufgebauschten Beiwerk berauscht«[20]. Klepper meint, die Literatur unserer Epoche müsse an diesem Maßstab gemessen werden, die Inflation des Wortes — auch in der geistlichen Dichtung — müsse zurückgedrängt werden gegenüber diesem Versuch, »mit dem Sprachgut und Wortschatz der Bibel zu dichten«[21]. Dies sei die Zucht, die der Dichter auf sich zu nehmen habe!

Klepper unterwirft sich dieser Zucht; seine Lieder sind in übersichtlicher Einfachheit in der Strophen- wie der Satzgliederung aufgebaut, im Versmaß herrscht die jambische Taktierung, die sich wie von selbst aus dem Prosagefälle ergibt. Die Subjektivität ist wie ausgelöscht im aneignendem Nachgestalten biblischen Wortes. Wörtlich übernimmt Klepper z.B. in seinem Lied »Zur Jahreswende« den Vers 5. Mose 33,27 »Zuflucht ist bei dem alten Gott und unter den ewigen Armen«, um im Anschluß an dies biblische Wort das Satzgefüge und den Gedanken fortzuführen, Klepper dichtet gleichsam die Bibel weiter.

Auch sein Abendlied ist fast ausschließlich vom biblischen Wort bestimmt:

Ps 4,9	*Klepper*
Ich liege und schlafe ganz mit Frieden;	Ich liege, Herr, in deiner Hut und schlafe ganz mit Frieden. Dem, der in deinen Armen ruht, ist wahre Rast beschieden.
denn allein du, Herr, hilfst mir, daß ich sicher wohne.	Du bist's allein, Herr, der stets wacht, zu helfen und zu stillen, wenn mich die Schatten finstrer Nacht mit jäher Angst erfüllen[22]

20 A.a.O., S. 141 f.
21 A.a.O., S. 142.
22 K. Baumann, Die Bedeutung der Bibel in Theorie und Wirklichkeit der Dichtung bei Jochen Klepper, Hamburg 1967, S. 214 f.

In dem Zusammenhang von biblischen und dichterischem Wort ist das Wort der Bibel zum inneren und äußeren Maßstab der Dichtung geworden: im Blick auf den inneren Maßstab gilt, der Dichtung gewiß zu werden durch die Theologie, zum äußeren Maßstab gilt: bis in Gestalt und Klang des Wortes bindet sich der christliche Dichter an das biblische Wort.

»Die freie Schöpferkraft beugt sich vor der Unüberbietbarkeit biblischen Gehaltes und biblischen Ausdrucks. Die höchste, letzte, tiefste Aussage wird der Bibel selbst entnommen.«[23]

So nüchtern diese Bindung ist — Nüchternheit und Zucht der Sprache betont Klepper —, so wahrhaft mystisch ist sie zugleich.

Der Inhalt biblischen Wortes ist das göttliche Geheimnis, »das Geheimnis der Offenbarung des verborgenen Gottes«[24], »wahrhaftig, geheimnisvoll ist Gott und mit Geheimnis muß er jede Aussage, die wir über ihn machen, durchströmen«[25]. Dieses göttliche Geheimnis drückt sich aus in den Bildern und erlangt seine vollkommene Gestalt in den Gleichnissen Jesu.

»Von ihrem ewigen Inhalt, Gegenstand und Gehalt her glänzt in Darstellung und Deutung der Gleichnisse eben jener helle Schein auf, der sie zur Dichtung verklärt und schon weit über die bloße Dichtung hinaus erhellt und erleuchtet.«[26]

Deshalb redet Jesus in Gleichnissen und nur in Gleichnissen. Klepper schließt diesen Abschnitt mit dem Wort des Propheten: »Ich will meinen Mund auftun in Gleichnissen und will aussprechen die Heimlichkeiten von Anfang der Welt.«

23 Klepper, a.a.O., S. 142.
24 A.a.O., S. 155.
25 A.a.O., S. 158.
26 A.a.O., S. 159.

Jochen Klepper, indem er seine geistliche Dichtung so an das biblische Wort bindet, sieht seine Dichtung als biblische Exegese, »als Textauslegung mit den Mitteln der Dichtung, im ständigen Gemessen-, Gewogen- und Befundenwerden vom Worte Gottes her, das auch die kleinste Strophe einfordert«[27]. In seiner Dichtung als Exegese folgt Klepper seinem Lehrer: dem Exegeten Ernst Lohmeyer.

Mit dem Zitat, mit dem Klepper schließt, beginnt Ernst Lohmeyer seinen Aufsatz über die Gleichnisse Jesu: »Ich werde öffnen in Gleichnissen meinen Mund, werde verkünden Verborgenes von Urbeginn her« (Ps 77,2 LXX)[28]. Von diesem Zitat aus der Septuaginta führt bei Lohmeyer der Weg bis zu jenem Wort Jesu (Mk 4,33 par.): »ohne Gleichnisse redete er nichts zu ihnen«[29].

Greift Klepper in seiner Bindung an das biblische Wort die beiden Begriffe »Nüchternheit« und »Geheimnis« bzw. das Adjektiv »geheimnisvoll« (mystisch) auf, so begegnen beide ganz entsprechend bei Lohmeyer. Die Lehre Jesu sieht Lohmeyer als »parabolische Lehre«, in ihr ist Rätsel und Geheimnis verborgen, wobei »aber in allem Geheimnisvollen doch nicht das Dunkle und Verhüllte entscheidend ist, sondern das, was durch solche Parabeln offenbar wird«[30]. Die Gleichnisse sind Geheimnis und Offenbarung zugleich. Lohmeyer unterscheidet eschatologische und paradigmatische Parabeln; jene sieht er vor allem bei Matthäus als ebenso offenbarende wie verhüllende Bildrede vom Himmelreich, diese paradigmatischen sieht er in den Beispielgeschichten des Lukasevangeliums.

In den eschatologischen Gleichnissen des Matthäus geht es in aller Künftigkeit des Geschehens um das Nahe- und zugleich Dasein des Himmelreiches; Lukas geht es in der

---

27 A.a.O., S. 154.
28 Lohmeyer, Gleichnisse, S. 127.
29 A.a.O., S. 156.
30 A.a.O., S. 127.

klaren und praktischen Ausrichtung seiner Beispiele um religiöse Lehre und Belehrung.

Diese Unterscheidung verschiedener Parabeltraditionen ist so von Klepper in seinem Aufsatz aufgenommen, er spricht von den Gleichnissen, die in der Beschreibung der Erdenwirklichkeit die Gotteswahrheit darstellen und unterscheidet davon jene Gleichnisse, die auf die Tat und die Praxis hinzielen. Klepper betont, »auch dem Täter wird von Gott das Bild gewiesen«[31]. Ebenso wie diese Unterscheidung greift Klepper auch die doppelte Bedeutung des Wortes »Geheimnis«, verhüllend und offenbarend zugleich, auf. Klepper spricht von dem Geheimnis der Offenbarung des verborgenen Gottes[32]; dieses Geheimnis ist durchschienen von der letzten Erkenntnis und Klarheit, die uns Menschen ohne den Schleier des Geheimnisvollen in ihrem Glanz unerträglich wäre; so ist der sich offenbarende Gott bis ans Ende der Zeiten zugleich der verborgene und sich verhüllende: »Gott will im Dunkel wohnen und hat es doch erhellt.«

Wie bei Lohmeyer ist dies Wort »Geheimnis« das Schlüsselwort, das das Reden Jesu als notwendig in Gleichnissen erweist, »er redete nur in Gleichnissen«, dort leuchtet jenes Geheimnis in seinem Glanz auf.

Auch dieses verbindet den Dichter Jochen Klepper und den Theologen Ernst Lohmeyer: im Gleichnis, im Bild leuchtet die göttliche Wahrheit auf. Klepper schreibt: »Im Bild und Zeichen, die Gott uns gibt, ist ein Glanz des ewigen Lichtes und ein unbefleckter Spiegel der göttlichen Kraft und ein Bild seiner Gütigkeit.«[33] Dieses Bild des Lichtes führt bei Klepper zu jener entscheidenden Aussage im Blick auf die Gleichnisse: in ihnen glänzt – wie er sagt – jener »helle Schein« auf, der sie zur Dichtung verklärt und schon

---

31 Klepper, a.a.O., S. 158.
32 A.a.O., S. 155.
33 A.a.O., S. 158 f.

weit über die bloße Dichtung hinaus erhellt und erleuchtet[34].

Lohmeyer bestimmt dieses Licht der Gleichnisse als Klarheit und Wahrheit, »weil sie im Lichte des nahen Kairos stehen«[35], im Irdischen erfassen sie das Licht des Himmels, sind sie Abglanz der eschatologisch nahen Wirklichkeit des Gottesreiches ... sie brauchen, schreibt Lohmeyer, »keinen größeren Zusammenhang, dem sie zur Veranschaulichung dienen, sondern bezeichnen und fassen diesen Zusammenhang so lebendig und klar in sich selbst, wie der morgendliche Tau allen farbigen Glanz der aufgehenden Sonne in sich spiegelt«[36]. Die Gleichnisse sprechen nicht ihren Sinn aus; als verhüllende wie offenbarende Rede leuchtet in ihnen der eschatologische Sinn auf, den sie in sich tragen, »der in allen Gleichnissen Jesu mit einem geheimen, unendlichen Leuchten wohnt«[37].

Auch der Begriff der »Nüchternheit«, für Klepper von ganz zentraler Bedeutung, ist bereits in dem Aufsatz von Lohmeyer zu finden. Zunächst im Blick auf die lukanischen Gleichnisse sagt Lohmeyer, sie seien auf die Praxis ausgerichtet, sie seien deshalb »jedem verständlich, keines deutenden Wortes bedürftig, bedürftig aber des Tuns und Folgens, auf das sie in einer leidenschaftlichen Gegenständlichkeit allein gerichtet sind«. Diese Gegenständlichkeit – jedem unmittelbar verständlich – mache ihre »Nüchternheit« aus[38]. Dieser Nüchternheit ihrer Gestalt entsprechend führt der Weg zum Verstehen der Gleichnisse über die nüchterne Exegese. Inhaltlich bedeutsamer ist noch eine andere Übereinstimmung zwischen Ernst Lohmeyer und Jochen Klepper: Lohmeyer versteht die Gleichnisse aus der Tradition des Alten Testaments, des Judentums, auch von Johannes dem

---

34 A.a.O., S. 159.
35 Lohmeyer, Gleichnisse, S. 140.
36 A.a.O., S. 151 f.
37 A.a.O., S. 157.
38 A.a.O., S. 141.

Täufer her. Das aber macht das Besondere der Gleichnisse im Munde Jesu aus, sie sind »der angemessene und notwendige Ausdruck der eschatologischen Situation, in der Jesus als der Parabel-Lehrer mit seinem Wirken und Verkünden steht«[39]. Lohmeyer spricht im Blick auf die Gleichnisse nicht nur von der Einheit von offenbarendem und verhüllendem Wort, er hebt gegenüber dem Verständnis der Parabeln im Judentum auch die Einheit von Wort und Person hervor, jene Einheit »im Munde dessen, der hier die Gleichnisse spricht.«[40] Wort und Person – nach Lohmeyer wie Klepper »der Menschensohn« – hängen zusammen:

»Wie durch ihn seine Taten zu Zeichen des nahen und gegenwärtigen Gottesreiches werden, so werden auch seine Worte, kurz gesagt, zu den Parabeln vom Gottesreich, die seine verborgene Gegenwärtigkeit verkünden und seine offenbare Künftigkeit verheißen; und es sind und müssen Parabeln sein, weil die Sache des Gottesreiches, von der sie reden, und der Meister, der sie aus der Macht dieser Sache redet, in einer offenbaren Verborgenheit und in einer verborgenen Offenbarung, d.h. aber in einer eschatologischen Wirklichkeit stehen.«[41]

Aus dieser Einheit, in der »die Sache des Gottesreiches steht wie der, der sie durch Parabeln verkündigt, werden Jesu Gleichnisse zu einer neuen und unvergleichlichen Art eschatologischer Rede verwandelt«[42]. Aus dieser doppelten Einheit – wie Lohmeyer sie sieht – folgt jene abschließende

39 A.a.O., S. 144 f.
40 A.a.O., S. 145.
41 A.a.O., S. 147 f.
42 A.a.O., S. 150. – Darin sieht Eberhard Jüngel in seinem Aufsatz »Die Problematik der Gleichnisrede Jesu« das Besondere der Gleichnisauslegung bei Ernst Lohmeyer, daß dieser versucht, einen hermeneutischen Ansatz zur theologischen Gleichnisauslegung zu finden. Indem Lohmeyer die Gleichnisse als Sprachereignis versteht, erkennt er die Sprachform der Gleichnisse als durch das Wesen der Gleichnisse bestimmt. E. Jüngel, Die Problematik der Gleichnisrede Jesu in: Gleichnisse Jesu, hrsg. von W. Harnisch, Darmstadt 1982, S. 281–342.

Folgerung, die das Eingangszitat aus der Septuaginta bestätigt, daß Jesus notwendig in Gleichnissen reden mußte, »ohne Gleichnisse redete er nichts zu ihnen« (Mk 4,33 par.). Zu derselben Schlußfolgerung kam auch Klepper in seinem Aufsatz, und unmittelbar vorher nimmt er jenen Gedanken Lohmeyers von der Einheit von Wort und Person des Sprechenden auf:

»In den Gleichnissen ist die völlige Einswerdung, die letzte Erfüllung von Verkündigung des Gotteswortes und deutender und darstellender Dichtung vollzogen: in den Gleichnissen aus dem Munde dessen, der das fleischgewordene ewige Wort ist.«[43]

Die Gleichnisse sind für Lohmeyer Bilder, darin Abglanz der eschatologischen Wirklichkeit des Gottesreiches:

»So reiht sich Vergleich an Vergleich, Bild an Bild, und alle Bilder dienen nur dem einen Gedanken, dem schlichten Dasein des Himmelreiches, dessen Dasein doch ebenso unaussprechlich ist wie das Dasein und Kommen Gottes in seiner Herrlichkeit.«[44]

Auch für Klepper sind die Gleichnisse Bilder, als Bilder Abbilder des ewigen Seins, Sinnbilder, »im Bild und Zeichen, die Gott uns gibt, ist ein Glanz des ewigen Lichtes und ein unbefleckter Spiegel der göttlichen Kraft und ein Bild seiner Gütigkeit«[45]. Die Bilder der Bibel nimmt der Dichter Jochen Klepper in sein Dichten hinein. Der durch seine Dichtung hindurchschimmernde theologische Sinn beruht auf der ihr innewohnenden Bildlichkeit, die Klepper wertet als »die Mitte zwischen Literatur und Theologie«. »Alle unsere Tröstungen kommen von den Bildern her ... immer geht ... von den Bildern eine so wohltuende Belebung aus.«[46] Das Bild – wie Klepper es versteht und literarisch

---

43 Klepper, a.a.O., S. 159.
44 Lohmeyer, a.a.O., S. 139f.
45 Klepper, a.a.O., S. 158f.
46 Zitiert nach Baumann, S. 295.

verwendet – spricht Eigentliches und Uneigentliches, Diesseitiges und Jenseitiges zugleich aus. Als Abbild ewigen Seins trägt es in sich die ursprüngliche Einheit zwischen Gott und Welt. Baumann sieht Klepper in seinem Verständnis der Bilder von Joh. Georg Hamann (1730–1788) her, der mit Mitteln der Sprache das Leben in Abbildern versuchte darzustellen. Eben auch dies tat Jochen Klepper bis in seinen Roman »Der Vater« hinein: auch das Königswerk war ihm ein Bild des Gottesreiches.

»Bild war jede Tat, die der König verbrachte; Bild das Leiden, das er erduldete; Bild war das Schicksal, das er anderen Menschen auferlegte ... Bild seine liebe Stadt Potsdam ... als Völkerstadt und Gottesstaat; Bild war noch jedes Edikt des Königs; Bild der Königsspiegel ... Hinter all den Bildern leuchtet der Glaube des Königs auf, daß der König ein Bild Gottes auf Erden sein soll.«[47]

Baumann stellt in seiner Studie allerdings fest, trotz aller Übereinstimmungen im Verständnis des Bildes, »Hamanns Werke spielten in Kleppers geistigem Leben keine nachweisbare Rolle«[48]. Viel näher liegt es, Kleppers Verständnis der Bilder von seinem theologischen Lehrer Ernst Lohmeyer her zu verstehen.

Auch den Begriff »der Deutung«, dem Verständnis der Bilder folgend, hat Klepper von Lohmeyer übernommen. In Aufnahme eines Gedankens von Platon galt es für Lohmeyer, »die Bilder«, die Erscheinungen zu erretten, indem er sie bestimmte, d.h. in ihrer Notwendigkeit verstand[49]. Ebendarin sah Lohmeyer seine eigentliche Arbeit als Theologe –

---

[47] B. Mascher, Jochen Klepper, in: Christliche Dichter im 20. Jahrhundert, Bern/München 1968, S. 403.
[48] Baumann, a.a.O., S. 242.
[49] G. Fizer, Sakrament und Wunder im Neuen Testament. Eine Betrachtung zu Ernst Lohmeyers Deutung des Brotwunders, in: in memoriam Ernst Lohmeyer, Stuttgart 1951, S. 169–188.

in dieser Retterarbeit. »Deutung« heißt deshalb für Lohmeyer nicht, das jeweilige Gleichnis auf einen einzigen Vergleichspunkt hin und von diesem her auszulegen, bedeutet auch nicht, das Gleichnis »aus seiner bildhaften Sphäre in die begriffliche und sinnhafte umzusetzen, sondern dem Hörer Augen und Ohren öffnen, daß er die Zeichen des Eschatologischen sieht und die Zeichen der eschatologischen Botschaft, eben die Parabeln, versteht. Die Deutung ist also ... ebenso zeichenhaft wie es das Gleichnis selbst ist; aber dem die Deutung vernehmenden Hörer leuchtet der eschatologische Sinn auf, den die Gleichnisse in sich tragen.«[50]. Aus dem Sehen der Bilder, indem sie selbst dem Betrachter aufleuchten, folgt das Verstehen, nicht aus der Reduktion auf einen Vergleichspunkt bzw. der Abstraktion. Dasselbe Verständnis der Deutung begegnet bei Klepper, wenn er schreibt: »das Gleichnis selbst bedeutet die Gotteswahrheit und stellt die Gotteswahrheit dar in irdischen Begebenheiten und Tatbeständen«[51]. Das Lohmeyersche Verständnis der Gleichnisse als Bilder führt Klepper fast zwangsläufig von der Theologie zur Kunst: die Gleichnisse als Bilder lassen sich nicht erklärend in Begriffe umsetzen, sondern nur im Bild, im dichterischen Bild neu gestalten. Kleppers Dichten mit der Bibel ist so nichts anderes als eine Darstellung ihrer Bilder.

Es ist unübersehbar im Blick auf die dargestellten Übereinstimmungen, wie die Theologie Ernst Lohmeyers – gerade aus seinem Aufsatz über die Gleichnisse Jesu – von dem Dichter Jochen Klepper in seinem Aufsatz über das göttliche Wort und den menschlichen Lobgesang aufgenommen worden ist und über diese »Liederlehre« nachklingt, auf jeden Fall mitanklingt gerade in Kleppers geistlichen Liedern und Gedichten.

---

50 Lohmeyer, a.a.O., S. 154.
51 Klepper, a.a.O., S. 159.

2. Kleppers und Lohmeyers Interesse und Verständnis der Kunst

Nicht nur die Theologie war ein Berührungspunkt zwischen Klepper und Lohmeyer – auch die Kunst. Kurt Ihlenfeld sah das spürbar künstlerische Element in Lohmeyers Persönlichkeit als das für Klepper anziehende. Dieses künstlerische Element fand seinen Ausdruck bei Lohmeyer in einem besonderen Empfinden für künstlerische, gerade dichterische Formen sowie einer eigenen sprachlichen Gestaltung, die stellenweise weniger fachspezifisch als selbst dichterische Sprache war. Ich denke an die einleitenden Worte seiner Breslauer Rektoratsrede vom 3. November 1930, Sätze wie:

»Wie jeder Neujahrstag den Strom der verrinnenden Jahre teilt, um jedes einzelne zu einer durchsichtigen Ganzheit zu wandeln, so rundet auch dieser ein altes Jahr zu deutlicher Gestalt und öffnet den verborgenen Möglichkeiten eines neuen die Tür.«[52]

Es ist nicht zufällig, daß eine der wichtigsten theologischen Arbeiten Lohmeyers seine Untersuchung zu Phil 2,5–11 ist, erstmals veröffentlicht in den Sitzungsberichten der Heidelberger Akademie der Wissenschaften 1927/28, also unmittelbar hervorgegangen aus seinen Arbeiten der zwanziger Jahre, in denen Klepper bei ihm studiert hatte. Diese noch heute wichtige Arbeit zum Christushymnus des Philipperbriefes stellt diesen als ein sechsstrophiges vorpaulinisches Lied heraus. Im ersten Teil seiner Auslegung geht es Lohmeyer fast nur um die streng gefügte sprachliche Gestalt dieses Liedes; er betont die poetische Struktur, die feste rhythmische Form, die Geschlossenheit der Verse, »jede Strophe enthält wie einen Kern, um den sich alle näheren Bestim-

---

52 E. Lohmeyer, Glaube und Geschichte in den vorderorientalischen Religionen, Breslau 1931, S. 3.

mungen schließen, ein einziges Prädikat«[53]. Lohmeyer folgert aus seinen Beobachtungen, es handelt sich in diesen Versen um ein sorgsam komponiertes und bis in alle Einzelheiten hinein abgewogenes strophisches Gebilde, ein »carmen Christi«, ein Stück »urchristlicher Psalmdichtung«[54]. Die poetische Struktur des Liedes, dreihebig gedacht, wohl ursprünglich griechisch geschrieben, aber von einem Dichter, dessen Muttersprache semitisch war, so ist in diesen Versen die Grundform aramäischer Dichtung vorhanden.

Lohmeyer sieht inhaltlich in diesem Lied das Bild gezeichnet eines göttlichen Geschehens und seines Trägers, »und darin liegt alles Genüge«[55]. Lohmeyers Freude an dichterischen Formen hat ihn immer erneut zur Beschäftigung mit dem letzten Buch der Bibel, der Offenbarung des Johannes, gebracht. In einem Überblick über Forschungen zur Offenbarung in den Jahren 1920–34 ist ihm wichtig die Sicht der Offenbarung – in der Nachfolge Herders – als Gedicht, »sie ist das einzige dichterische Buch des Neuen Testaments«[56]!

Mit der Untersuchung von E. Sievers »Die Johannesapokalypse – klanglich untersucht« setzt er sich kritisch auseinander, wieweit durch eine Schallanalyse ein Rückschluß auf die Gestimmtheit des Verfassers und damit der Art der Gestaltung möglich sei[57]. In seinem Kommentar zur Offenbarung zeigt Lohmeyer die Einheitlichkeit und innere Geschlossenheit dieses Buches, die in Sprache, Stil, Aufbau und Gliederung sich ausprägt. Die Offenbarung ist für ihn

---

53 Ders., Kyrios Jesus. Eine Untersuchung zu Phil 2,5–11. Sitzungsberichte der Heidelberger Akademie der Wissenschaften, Jahrgang 1927/28; wieder abgedruckt: Darmstadt 1961, S. 6.
54 A.a.O., S. 7.
55 A.a.O., S. 85.
56 E. Lohmeyer, Die Offenbarung des Johannes 1920–1934, in: Theologische Rundschau, 6. Jg., 1934, Heft 5, S. 288.
57 Ders., Das 12. Kapitel der Offenbarung des Johannes E. Sievern, Die Johannesapokalypse, klanglich untersucht, in: Theologische Blätter, 4. Jg., Nr. 12, 1925.

eine »große Dichtung apokalyptisch-prophetischen Geistes«[58].

Lohmeyer bemüht sich in seinem Kommentar um den Strophenbau und die zeilenmäßige Gliederung: er beschreibt zunächst die rhythmischen Wortbetonungen, das Schema der Homotonie, die metrische Qualität, »erst das Zusammenwirken dieser poetischen Mittel erlaubt eine deutliche strophische und zeilenmäßige Gliederung«[59].

Aufgrund dieser formalen Untersuchungen und Bestimmungen gestaltet Ernst Lohmeyer seine Übertragung bzw. Nachdichtung der Offenbarung; sie ist 1926 erschienen. Die Arbeiten zur Offenbarung gehen fast alle auf die zwanziger Jahre zurück, also jene Zeit, in der Klepper in Breslau auch bei Ernst Lohmeyer studierte.

Vom Nachwort seiner Übertragung her zeigt sich, wie Lohmeyer diese Nachdichtung der Offenbarung vom Künstlerischen her – gerade unter dem Einfluß von Stefan George – gestaltete. Ernst Lohmeyer gehörte in Breslau einem Kreis der Universität an, der sich als George-Kreis verstand und der das Werk und die künstlerische Intention Stefan Georges aufnahm.

Lohmeyers Deutung der Offenbarung setzt bezeichnenderweise nicht bei einem theologischen Verständnis bzw. bisheriger theologischer Interpretation ein, sondern bei einem Verständnis der Offenbarung als Dichtung. Er sieht das letzte Werk der Bibel als ein Kunstwerk von Klopstock, Herder und vor allem von Hölderlin her. Hölderlin und die Antike haben ja George und seinen Kreis am stärksten beeinflußt.

»Keiner hat die Geschichte des christlichen Sehers aus alter Vergangenheit tiefer begriffen und erneut als er *[Hölderlin, schreibt*

---

58 A.a.O., S. 309.
59 E. Lohmeyer, Die Offenbarung des Johannes. Handbuch zum Neuen Testament, 2. Aufl., Tübingen 1953, S. 189; Die Offenbarung des Johannes 1920–34, in: Theol. Rundschau, 6. Jg. 1934, Heft 5.

Lohmeyer], wie die alten Worte von der inbrünstigen Sehnsucht nach der Wiederkehr Christi überquellen, so Hölderlins Gesänge von der Hoffnung auf der ‚Götter Wiederkehr'. Über beiden steht das Bild der Madonna, das der einstige Seher zuerst zeichnete, kaum wissend, was er Jahrhunderten christlicher Frömmigkeit schenkte, und beide sind getragen von der tiefen Weihe und Bedeutung der Namen, die in der neuen Zeit ‚wie Blumen erstehen'«[60].

Fast meint man in den letzten Worten den Meister, Stefan George, selbst zu hören.

Lohmeyer sieht seine Aufgabe im Blick auf eine Übertragung bzw. Nachdichtung der Offenbarung als eine Pflicht aus dem Erbe deutscher Geistesgeschichte, die ihn nötigt, diesem Werk erneut Schall und Stimme zu geben. Er kann dieser Pflicht nicht anders genügen, »als daß dieses Werk in der strengen Geschlossenheit seiner ursprünglichen Gestalt, dieses Wort in der oft gewaltsamen Härte seines einstigen Klanges herausgestellt werde«[61]. Klingt schon hier Georges Verständnis der Kunst als Kunst in ihrer Herausgehobenheit, Weihe und darin auch Geschlossenheit und Abgeschlossenheit der Sprache an, so noch stärker, wenn Lohmeyer in der Offenbarung das Bild eines urchristlichen Gottesdienstes »über ihr liegt gottesdienstliche Weihe«, »zu geistiger Form geklärt« sieht[62].

George hatte in seinen »Blättern für die Kunst« im schroffen Gegensatz zum Naturalismus den Glauben verkündigt »an eine glänzende Wiedergeburt der Kunst«, an eine »reinere sowohl wiedererweckte als neu geborene kunstauffassung«, »eine kunst frei von jedem dienst«, »eine kunst für die kunst«[63]. Wiedererweckt, neu geboren, bedeutete für George aus der Antike und ihrem Erbe bis zu Hölderlin neugestaltet. Ziel der Kunst – wie George sie sah – sollte es sein, aus

60 Ders., Die Offenbarung des Johannes, Tübingen 1926.
61 A.a.O., S. 76.
62 A.a.O., S. 71.
63 Cl. Hesselhaus, Deutsche Lyrik der Moderne, Düsseldorf 1961, S. 102; St. George, Werke, Ausgabe in 4 Bänden, dtv 1983.

jeder zeitgebundenen Kunst zurück zu einer ewigen, großen, zeitlosen Kunst zu führen, einer geistigen Kunst, die nicht für den Menschen da ist, auf jeden Fall nicht sich zu ihm hinunterbegibt, sich öffnet, sondern die streng geschlossen in der Form jene Höhe und Erhabenheit bedeutet, zu der der Mensch aus dem Zeitbedingten und Alltäglichen sich erheben muß. So sieht Lohmeyer im Schlußwort zu seiner Nachdichtung der Offenbarung diese »nirgends von Dingen der Zeit redend, sondern allein von Dingen aller Zeiten, an aller Geschichte sich verwandelnd und dennoch unwandelbar über aller Geschichte, kündet es von der Größe des Gottesbildes, die sein einziger Gegenstand ist, und zugleich von der Größe des Sehers und Dichters, der unter seinen Zeichen steht«[64].

Lohmeyer sieht wie George den Seher als Dichter: »Worte prophetischer Dichtung oder dichterische Prophetie sind es, die die Offenbarung des Johannes erfüllen.«[65] George wollte das dichterisch Gestaltende vereinen mit dem Deutenden und Verkündenden, sieht in dieser Einheit die Kunst. Gegenüber dem Naturalismus, für den der Dichter in erster Linie Reproduzent war, sieht George in einer neuen Weise den Dichter zugleich als Seher und Künder; das Wesen der Kunst soll beides vereinen, Sehertum und Prophetie[66]. In seinen Zeitgedichten ist eines von George ganz dem Dichter gewidmet: »Der Dichter in Zeiten der Wirren.« Im Gange der Zeit sei der Dichter das »beflügelte kind, das holde träume tönt«, in den Schicksalszeiten sei er »Seher«[67].

Lohmeyer sieht vom Text der Offenbarung her den Seher und bestimmt ihn als Dichter. George – gerade andersherum – sieht den Dichter als den Seher und Künder. Lohmeyer stellt als das wichtigste innere Gesetz und Gefüge der Offenbarung die Sieben-Zahl heraus: »Eine geheime und

---

64 Lohmeyer, a.a.O., S. 82f.
65 A.a.O., S. 70.
66 Hesselhaus, a.a.O., S. 37f.
67 A.a.O., S. 113.

doch deutlich spürbare Norm waltet über ihr, die Norm der Siebenzahl.«[68] Sie drängt sich auf in den Bildern der Offenbarung, aber ihre Herrschaft reicht weiter: »die Siebenzahl ist das Maß jeglicher Gliederung«[69]. Die Siebenzahl ist in der Sicht Lohmeyers nicht nur ein äußeres Gefüge der Gliederung, sie ist auch ein Gesetz des Sinnes als biblische Zahl der Vollendung.

»Der siebente Ring«, ein Gedicht-Zyklus aus dem Jahre 1907, war für Stefan George das siebente Werk seiner Zyklen. Nach Georgescher Symmetrie umfaßt dieser Zyklus sieben Teile, die immer die heilige Sieben umspielen (14 Zeitgedichte, 14 Gestalten, 21 Gezeiten, 21 Maximin, 14 Traumdunkel, 28 Lieder, 70 Tafeln)[70]. Lohmeyer sieht die Siebenzahl in der Offenbarung vorgegeben, bis in die Einzelheiten ihrer Bilder legt er sie in diesem Schema aus. George zielt gestaltend hin auf die Siebenzahl, indem er in diesem Zyklus »Der siebente Ring« alles — manchmal gewaltsam — in dieses Schema preßt.

Die Gesichte des Sehers der Offenbarung sind Bilder, betont Lohmeyer, Bilder im strengen Sinn, »denn Bilder sind die anschauliche Mitte, die den ewigen Grund allen Glaubens mit seinen vielfältigen Äußerungen in Vergangenheit, Gegenwart und Zukunft eindeutig und tiefsinnig verbinden. Nahe sind sie allen Formen des Lebens und der Geschichte, umspannen den ganzen Reichtum seines Daseins, das auf Gott hin und von Gott fort gerichtet ist. Und nahe sind sie ebenso dem ewigen Gehalt aller Gottesgeschichte, der alles Irdischen entkleidet ist und in dem Element eines neuen Sinnes ursprünglich lebt.«[71]

Lohmeyer spricht — wie auch bei den Gleichnissen »er redete nur in Gleichnissen« — von der Notwendigkeit der Bilder, und er versteht die Bilder wie George z.B. im »Teppich

---

68 Lohmeyer, a.a.O., S. 70.
69 A.a.O., S. 70.
70 Hesselhaus, a.a.O., S. 106.
71 Lohmeyer, a.a.O., S. 82.

des Lebens«, einem Gedichtzyklus aus dem Jahre 1899, als symbolische Figuren, als Gleichnis für die Erscheinung des Lebens. Der Dichter malt hier das Leben als die Bilder eines Wandteppichs. George formt Ur-Figuren bis zur Nachahmung von Plastiken. »Es ist ein Weltbild ‚ohne Denkerstörung', ohne Philosophie. Ein ganzes Werk erhält hier einen menschenbildnerischen Zug.«[72]

In den Zeitgedichten Georges erscheint das Gedankliche in einer bildnerischen Gebärdensprache, so zeichnet er Unruhe als »erhitzte Sinne«, Verzweiflung als »zersplissnes herz«, Zweifel als »ihr wandet so das haupt«[73]. Das Bild ist Zeichen, ja mehr, es ist als Abbild ursprüngliche Gestalt des Gedankens selbst.

Im 7. Ring, in der Idee des Menschen, seinem Denkbild, sieht er die Annäherung der Idee der Gottheit. Der platonisch-neuplatonische Hintergrund ist hier bei George wie bei Lohmeyer spürbar. Beide denken von der Antike her und sie tun es bis in Form und Ausdruck.

Lohmeyer versucht jene Sprache neu zu gestalten, Sprache, die allen vertrauten Formen der Dichtung spottet, die die inneren und äußeren Regeln der Sprache mißachtet und doch streng und unbeirrbar ihrem Gesetz folgt, dem Gesetz der Gleichartigkeit, Gleichförmigkeit, Gleichheit, in gewollter hieratischer Sprache[74].

In den Zeitgedichten Georges ist seine Sprache karger, spröder als in früheren Gedichten, ohne Zwischentöne und Übergänge. Mehr noch als früher liebt George jetzt die Alliteration, den Gleichklang, die archaisierende Redeweise; eine Redeweise der Antike, durch den Endreim lange Zeit verdrängt, gewinnt sie bei George neue Bedeutung[75],

---

72 Mann/Roth, Deutsche Literatur im 20. Jahrhundert, Strukturen und Gestalten. Bd. II, Bern-München 1967, S. 26.
73 Hesselhaus, a.a.O., S. 98.
74 Lohmeyer, a.a.O., S. 70 f.
75 Hesselhaus, a.a.O., S. 98 f., S. 108.

Ernst Lohmeyer — nicht nur als Theologe, sondern auch als Künstler, von George geprägt — versucht, die Offenbarung des Johannes deutend dichterisch zu gestalten. Bei aller Nähe in der Kunst zu George ist aber auch der Unterschied nicht zu übersehen, wie Lohmeyer im Verständnis der Kunst in vielem von George geprägt ist, so folgt er in seiner inhaltlichen Auslegung als Theologe dem ihm vorgegebenen Text, diesen als textus, Teppich, Gewebe sehend und verstehend. Was aber ist der Sinn, die Mitte dieses *textus*, dieser bildhaften Dichtung? Lohmeyer kommt von der Überlieferung des jüdischen Volkes her: »es ist die Zeit aller Zeiten, von der der Seher spricht,« sinnhafte Gestaltung, eine Gegenwärtigkeit, »die ewig in Gott besteht«[76]. Gott ist die Mitte dieses Buches, hinter und in allen Bildern:

»Gott in ruhender Majestät, kein Zug schildert ihn; kein Name trägt ihn. Unsagbar, nur im farbigen Abglanz erkennbar, bleibt er die scheu gehütete Mitte des Bildes, um die ein unaufhörliches ‚Heilig' schallt.«[77]

Gegenüber dem »goldenen Flitter«, »Frau Welt«[78] — bei George heißt es: »wir schreiten auf und ab im reichen Flitter« — weist Lohmeyer hin auf die über allem Irdischen machtvoll und gelassen waltende »Notwendigkeit Gottes«[79]. So kann und will George nicht von Gott sprechen. Im 7. Ring, in seinen Maximin-Gedichten, sieht er in der Erscheinung dieses Jünglings nach antikem Vorbild Gott. Maximin ist für George Gott, auf jeden Fall die Gestalt Gottes. Er kann nicht wie Lohmeyer von der Offenbarung her von dem absoluten Gott sprechen — nur in und durch einen Menschen ist für George die Gottheit erlebbar. So schreibt er, daß die Götter auch sterben können und »nur leben, solange der Mensch den lebendigen Glauben an sie in sich trägt und Kraft hat, in ihnen das

---

76 Lohmeyer, a.a.O., S. 73.
77 A.a.O., S. 74.
78 A.a.O., S. 79.
79 A.a.O., S. 79.

Ewige zu sehen. Sonst bleibt nur ein leerer Name, und es muß einer wiederkommen, der die Ewigen mit Leben füllt, sie in neuen Namen und Leibern entstehen läßt, so daß die Ewigen wieder mit den Erstandenen wandeln.«[80]

Das *extra nos* der Wirklichkeit Gottes ist wie bei Lohmeyer auch von Klepper in leidenschaftlichem Bekenntnis festgehalten. So schreibt Klepper einmal: »Ist aber Gott ein Irrtum, so soll es mich nicht gereut haben, Lebenswerteres als diesen Irrtum gab es nicht.«[81] Inhaltlich sind Lohmeyer wie Klepper an den Text und die Aussage des ihnen vorgegebenen biblischen Wortes gebunden, als daß sie so frei schweifen könnten, wie George es tut.

So heißt es bei George in einem seiner letzten Gedichte:

»Horch, was die dumpfe Erde spricht:
Du frei wie Vogel oder Fisch –
worin du hängst, das weißt du nicht.

Vielleicht entdeckt ein spätrer Mund:
Du saßest mit an unsrem Tisch,
du zehrtest mit von unsrem Pfund.

Dir kam ein schön und neu Gesicht.
Doch Zeit ward alt. Heut lebt kein Mann –
ob er je kommt, das weißt du nicht –,
der dies Gesicht noch sehen kann.«[82]

Bei Klepper heißt es unter Aufnahme des gleichen Bildes:

»Ohne Gott bin ich ein Fisch am Strand,
ohne Gott ein Tropfen in der Glut,
ohne Gott bin ich ein Gras im Sand
und ein Vogel, dessen Schwinge ruht.
Wenn mich Gott bei meinem Namen ruft,
bin ich Wasser, Feuer, Erde, Luft.«[83]

---

80 Mann/Roth, a.a.O., S. 28.
81 Mascher, a.a.O., S. 404.
82 Mann/Roth, a.a.O., S. 32.
83 J. Klepper, Unter dem Schatten deiner Flügel. Tagebücher 1932–1942, Stuttgart 1972, S. 53.

Was Lohmeyer mit George verbindet, ist das gestaltete Wort, ja das dichterisch gestaltende als das deutende und verkündende. »Das Wort«, ein Gedicht Georges, zuerst veröffentlicht in den »Blätter für die Kunst« 1919, später aufgenommen in den abschließenden Teil seines Zyklus »Das Neue Reich« (1928), enthält Verse in Ton und Art, deren Sprachmusik die feste Kontur der Worte und Maße in keiner Weise verflüchtigt, Verse, die in letzter Zuspitzung Georges magisches Wortverständnis enthüllen: der Dichter kommt »von ferne oder traum« zur Norne, die ihm aus dem Brunnen das geheimnisvolle magische Wort holt, daß er's greifen konnte »dicht und stark«. Erst dieses Wort der Norne verleiht den Dingen ihre Seinsweise, greifbare Wirklichkeit[84]. Dem gewöhnlichen Menschen gelten die Worte weniger als die Dinge, sie sind ihm Bezeichnungen. Gerade dieses Verhältnis von Sein und Wort kehrt George um: Nichts – sagt George – sei wirklich ohne das Wort, das Wort erst stiftet und begründet die Wirklichkeit des Seins. Das Wort ist also nicht nur gestaltetes, sondern gestaltendes: es gestaltet aus seiner eigenen schöpferischen Wirklichkeit. Dichten ist deshalb für George nicht ein lockeres Spiel mit Worten, sondern Magie des Wortes, betörende Macht der Vokale; Wort ist nicht Schall und Rauch, sondern in Schall und Ton wird es Schöpfer der Dinge. Man hat dies einen »modernen Nominalismus« genannt[85]. Das Wort des Dichters ist das gestaltend schöpferische Element des Lebens; wo es verstummt, ist weder Sinn noch Wirklichkeit – »kein ding sei wo das wort gebricht« –, da gleitet das Sein ins Nichts[86]. In diesem Wort ist der Dichter zugleich Seher und Künder.

Bei Lohmeyer ist andersherum der Seher und Künder, jener, der in der Offenbarung spricht, zugleich Dichter.

---

84 B. v. Wiese, Die deutsche Lyrik. Form und Geschichte, Düsseldorf 1956, S. 284 ff.
85 Hesselhaus, a.a.O., S. 114.
86 v. Wiese, a.a.O., S. 291.

Auch sein Wort ist nicht nur gestaltetes, sondern gestaltendes: »Alles geschieht wie von selbst; denn alles steht unter dem offenbaren Namen dessen, der das Wort Gottes ist.«[87] Man mag auch hier von einem magischen Wortverständnis sprechen, nur muß gesehen werden, daß das sprechend gestaltende Subjekt ein völlig anderes ist. In dieser Weise versteht auch Jochen Klepper sein Dichten vom biblischen Wort her, in der Verlängerung der Propheten, Evangelisten, Apostel, insofern ist auch für ihn der Dichter Seher und Prophet; das dichterische Sprechen ist für Klepper ein Nachsprechen und Nachgestalten von diesem ihm vorgegebenen gestaltenden Wort her, dieses gestaltende Wort formt sich im Wort des Dichters neu. Scharf markiert Klepper diesen Unterschied im Blick auf das letztlich sprechende Subjekt. In einer Tagebucheintragung vom September 1938 schreibt er:

»Abends, nach der Arbeit, spielten sie mir auf Schallplatten die Trauerrede Gottfried Benns auf Klabund vor: ‚Der Dichter trinkt sein eigenes Blut – nur daraus schafft er – der Dichter ist sein eigener Gott – die Dichter sind Tränen der Nation – dem Traume nach, immer dem Traume nach –!' Darüber werden wir uns nie verständigen, Hanni und ich einerseits, die Literaturleute andererseits. – Diese maßlose Überschätzung der Literatur.«[88]

Klepper gehörte nicht zum George-Kreis. Er gehörte schon seit Ende der zwanziger Jahre in Breslau zum Eckart-Kreis, ein Kreis von Schriftstellern, der sich um die Zeitschrift »Eckart« gebildet hatte. Als Zeitschrift war der Eckart 1924 neu gegründet worden. »Zum neuen Anfang« heißt es in Heft 1/1924:

»In dem chaotischen Vielerlei der geistigen Gegenwart will der Eckart unter dem Bilde des treuen Wächters und Kämpfers innere Kräfte wecken, die imstande sind, die vielfachen Bildungselemente des Tages zu sichten und in ein bestimmtes evangelisch-deutsches

---

87 Lohmeyer, a.a.O., S. 80.
88 Klepper, Tagebuch, S. 383.

Persönlichkeitsleben einzuordnen, – Kräfte, die an ihrem Teil mitarbeiten wollen an der Wiedergeburt unserer deutschen Volksseele.«[89]

Die Intention der Zeitschrift zielt auf das protestantische Bildungsbürgertum, es geht ihren Autoren – u.a. August Winnig, Hermann Claudius, Ina Seidel, Ernst Wiechert, Theologen wie Paul Tillich, Albert Schweitzer, Martin Buber – um Wiedergeburt aus der christlichen Überlieferung, dem »unverweslichen Erbe«, vom »inneren Reich« her.

George und seinem Kreis ging es um Wiedergeburt aus dem Erbe der Antike, von Hölderlin her, aus der Rückwendung bis in die Sprache hinein. Wie nahe sich beide Kreise standen, zeigt Ernst Wiecherts Wort über die Dichter. Er sieht den Dichter im Unterschied zu den Schriftstellern als einen »Sohn der Zeitlosigkeit und also einen Diener des Magischen«. Von daher ist für den Schriftsteller die Welt ein Objekt, für den Dichter ist sie ein Medium, »jener trachtet nach der Kongruenz, dieser nach dem Gleichnis«. Und fast unmittelbar klingt Georges Verständnis der Kunst als Kunst an, wenn Wiechert schreibt:

»Die letzte und bleibende Kunst ist immer mehr als ein Widerschein der Zeit gewesen. Sie hat sich niemals mit irdischen Flügeln von der Zeit tragen lassen, sondern sie hat immer mit ‚Flügeln der Morgenröte' über der Zeit geschwebt«.[90]

Eine gewisse Parallelität wird noch deutlicher aus K. Ihlenfelds programmatischem Artikel zum Eckart; unter der Überschrift »Ruf zur Sammlung« schreibt Ihlenfeld 1933:

»In der Dichtung des Volkes kommen die geheimen und tiefen Kräfte der Deutschen zum Ausdruck – in ihnen ist das Klingen der früheren Jahrhunderte, in ihnen spricht hell und klar und rein und

---

[89] Zitiert nach Thalmann, S. 48.
[90] E. Wiechert, Jahre und Zeiten. Erinnerungen, Berlin 1989, S. 461–465.

frisch der Quell des deutschen Geistes, singt und spricht, jubelt und klingt deutsches Wesen. Das sei unsere Aufgabe: Glaube, Volkstum, Dichtung in einer lebendigen Berührung zu erhalten, der Stimme zu lauschen, die aus diesen Strömen kommt und zu künden, was wir erhören konnten.«[91]

Es geht der Dichtung um das Klingen früherer Jahrhunderte, der Stimme zu lauschen, zu künden. So ganz anders klingt das nicht als was George im »Neuen Reich« dichterisch formte. George wie Klepper streiften eine erlebnishafte Auffassung lyrischer Dichtung ab, bei George wird Lyrik zum reinen Kunstgebilde, bei Klepper gestaltet sich Lyrik vom ihm vorgegebenen biblischen Wort her.

Die Nähe – eine gewisse Parallelität – zeigt sich auch im Eintritt Rudolf Alexander Schröders in den Eckart-Kreis. Schröder, der ganz von der Antike und von Hölderlin her kam, konnte doch zum Eckart-Kreis gehören[92]. Die Nähe dieses Kreises zum George-Kreis deutet sich auch an in einem Aufsatz der Monatszeitschrift »Hochland«, in etwa das katholische Pendant zum protestantischen Eckart, über Stefan George. Karl Muth schildert dort am Beispiel Stefan Georges als Schöpfer und Magier das Unheil, das der Kirche durch die Ausklammerung des schöpferischen Menschen erwächst. Beiden Zeitschriften »Hochland« wie »Eckart« geht es – wie George – um den schöpferischen Menschen[93].

Wenn bei George in seinem Zyklus »Das Neue Reich« (1928) und in diesen programmatischen Worten des Eckart nationale Töne anklingen, Formulierungen, die im Nationalsozialismus dann furchtbar entstellt und mißbraucht worden sind, darf nicht das Mißverständnis entstehen, hier läge eine innere Berührung zwischen diesen literarischen

---

91 Zitiert nach R. Thalmann, S. 101.
92 R. Straube-Mann, Rudolf Alexander Schröder, in: Christliche Dichter im 20. Jahrhundert, Bern/München 1968, S. 315–327.
93 Ihlenfeld, a.a.O., S. 86.

Kreisen und dem Nationalsozialismus vor. George selbst hat sich 1933 vom Nationalsozialismus distanziert. Er starb im Dezember 1933 im Exil. Und auch die meisten Autoren des Eckart standen in scharfer Ablehnung zum Dritten Reich: Die Zahl der Gehetzten aus beiden Kreisen, die der Verfolgung zum Opfer fielen, ist nicht gering. Lohmeyer, der in Breslau 1935 seines Amtes enthoben wurde, gehörte ebenso zum George-Kreis wie Stauffenberg, der Attentäter des 20. Juli 1944.[94] Auch Kleppers Weg führte 1942 in den Tod.

Auch die Kunst verband Ernst Lohmeyer und Jochen Klepper, und es war nicht nur das künstlerische Element in Lohmeyers Persönlichkeit, sondern auch seine Aufgeschlossenheit künstlerischen Fragen gegenüber, seine Nähe und Mitarbeit im George-Kreis, daß er die Kunst, die Dichtung, in seine Arbeit hineinnahm. Klepper hat sich zeit seines Lebens um die schwierige Symbiose von Christ und Künstler bemüht. Er wußte sich gebunden – wie Luther gefangen – im biblischen Wort und rang doch um die freie Gestaltungskraft des Künstlers: »keine Pflicht wird dem Christen als Dichter auferlegt, jedes Spiel ihm freigegeben. Keine Seligkeit lockt als die der freien künstlerischen Entfaltung.«[95] Diese Spannung zwischen Theologie und Ästhetik durchzog Kleppers Leben und Werk, schon in den zwanziger Jahren, auch in der Begegnung mit seinem Lehrer Ernst Lohmeyer.

Vielleicht ist es überspitzt, nicht nur eine grundsätzliche Übereinstimmung in Fragen der Kunst zwischen Ernst Lohmeyer und Jochen Klepper hervorzuheben, sondern bis in ähnlich klingende Formulierungen eine Nähe und Abhängigkeit zu sehen. In aller Vorsicht sei erinnert an einen Gleichklang Lohmeyerscher Formulierungen in seinem Aufsatz über die Gleichnisse und Jochen Kleppers Adventslied »Die Nacht ist vorgedrungen...«. Aufsatz und Lied sind im Jahre 1938 entstanden. Lohmeyersche Gedanken und

---

94 Mann/Roth, a.a.O., S. 20f.
95 Zitiert nach Ihlenfeld, Freundschaft, S. 41.

Worte könnten aus seiner Rektoratsrede auch in Kleppers Neujahrslied nachklingen. Lohmeyer spricht gegenüber den verrinnenden Jahren und der Wandelbarkeit der Jahre und Dinge von dem Bleibenden und letztem Sinn unseres Daseins. Am stärksten scheint mir eine konkrete Nähe vorzuliegen im Blick auf die Gestalt des Gottesknechtes aus dem Propheten Deuterojesaja. Lohmeyer hat sich immer wieder mit dieser Gestalt des Knechtes Gottes beschäftigt, nicht nur in seiner Monographie »Gottesknecht und Davidsohn«, in fast allen Arbeiten – gerade der zwanziger Jahre – kommt er auf diese Gestalt zu sprechen, sehr ausführlich in seinem Aufsatz »Die Idee des Martyriums im Judentum und Urchristentum« (1927) und in seiner Arbeit über Phil 2, 5–11 (1928). Jochen Klepper dichtet sein Morgenlied »Er weckt mich alle Morgen« anhand der Gestalt dieses Knechtes. In der Lohmeyerschen Studie über Phil 2, 5–11 auf den Seiten 85–88 klingen Gedanken und Formulierungen dieses Liedes fast unmittelbar an, ebenso in seinem Aufsatz über das Martyrium auf den Seiten 239–241.

Dies letzte sei nur in aller Vorsicht angedeutet, auf jeden Fall – im Grundsätzlichen nicht nur der Theologie, sondern auch der Kunst – liegt Gemeinsames, was Ernst Lohmeyer und Jochen Klepper verband. Ernst Lohmeyer, aufgrund des Künstlerischen in seiner Persönlichkeit, war fasziniert von Stefan George, seinen Worten und Versen, von der Kunst als Kunst, er nahm dies gestaltend in seine theologische Arbeit hinein bis zur Übertragung bzw. Nachdichtung der Offenbarung des Johannes. Jochen Klepper, sicherlich auch er von seinen künstlerischen Neigungen angeregt, ließ sich von Ernst Lohmeyer in dieser künstlerischen Weise die Theologie aufschließen, um sie – die Theologie – mit hineinzunehmen in seine künstlerische Arbeit, sein Dichten mit der Bibel.

3. Das Judentum in Werk und Schicksal Ernst Lohmeyers und Jochen Kleppers

Im August 1933 schrieb Ernst Lohmeyer an Martin Buber die Worte:

»Ich hoffe, daß Sie mit mir darin übereinstimmen werden, daß der christliche Glaube nur so lange christlich ist, als er den jüdischen in seinem Herzen trägt ... Das soll zunächst nichts weiter sagen, als daß diese Frage von Judentum und Christentum nicht wie zwischen Part und Widerpart hin- und hergeworfen werden kann.«[96]

Lohmeyer betont in einer Zeit, die ein judenfreies Christentum herausstellte, das unlösbare innere Zusammengehören von Judentum und Christentum. Bis in die Kreise der sich damals bildenden Bekennenden Kirche war diese Frage des Judentums so nicht gesehen worden. Lohmeyer geißelt das Schweigen einer opportunistisch versagenden Kirche; als eine ganz vereinzelte Stimme ruft er den bedrängten und diffamierten Juden zu: »Mein Bruder bist du!«[97] Dieser Brief enthält nicht nur freundliche Worte Martin Buber gegenüber, er kennzeichnet Lohmeyers Theologie, sein Deuten und Verstehen der Bibel vom Alten Testament und vom Judentum her. Von seinen frühen Arbeiten der zwanziger Jahre bis zu seiner letzten Exegese über Matthäus 28,16ff., wo er die Worte Jesu »siehe, ich bin bei euch alle Tage, bis an der Welt Ende« in Beziehung setzt und ableitet vom alttestamentlichen Gottesnamen »Jahwe«, »ich bin, der ich bin«, ist durchgängig diese Verbundenheit zu erkennen, so daß es sich bei Judentum und Christentum nicht um Part und Widerpart handelt[98]. Jochen Klepper hatte bei Lohmeyer die Vorlesung »Geschichte des jüdischen Volkes«

---

96 E. Lohmeyer, Brief an Martin Buber, in: Martin Buber, Briefwechsel aus 7 Jahrzehnten. Bd. II, Heidelberg 1973, S. 499 ff.
97 A.a.O., S. 501.
98 Vgl. zu diesem Thema den Aufsatz von Horst Beintker.

gehört, er war auch durch Ernst Lohmeyer in die gebildete Welt des Breslauer Judentums gekommen. 1931 heiratete er Hanni Gettel-Stein, die Witwe eines jüdischen Anwaltes in Breslau. Klepper war Christ; er sah es – wie R. Schneider es ausdrückte – als seine Pflicht, »Frau und Tochter zu Christus zu führen«[99]. So wurde er ganz persönlich in das jüdische Schicksal jener Jahre, aber auch in das innere Verhältnis von Judentum und Christentum unlösbar verstrickt. Dieser Verstrickung ist er keinen Moment ausgewichen, mitleidend mit Frau und Tochter ist er ihren Weg bis in den Tod mitgegangen.

Wie Ernst Lohmeyer wandte er sich von Anfang an gegen den aufkommenden Antisemitismus. Bereits im März 1933 schreibt Klepper in seinem Tagebuch: »Was uns schon jetzt an Antisemitismus zugemutet wird, ist furchtbar.«[100] Wenige Tage später schreibt er:

»Das stille Pogrom hat heut in der Legalisierung des Boykotts gegen jüdische Geschäfte, Richter, Anwälte, Ärzte, Künstler einen Höhepunkt erreicht. Was damit in jungen Juden an Haß gesät wird, muß furchtbar werden. Anbruch einer neuen Zeit? Zuckungen eines sterbenden Jahrtausends! Und oft berührt es mich stark, daß mein Leben in das sterbende Jahrtausend hineinwächst, mit ihm hingeht. Ja, es scheint mir ein Kernstück meiner Gedanken, meiner ganzen Geistes- und Seelenwelt zu sein, daß ich meine Zeit in diesem Sinne betrachten muß.«[101]

Im August 1933 – in denselben Tagen, als Ernst Lohmeyer jenen Brief schrieb, klagt er bitter im Blick auf immer neue Verbote, Einschränkungen, Diffamierungen der Juden in Deutschland: »Es ist schwer, wenn man sein eigenes Volk hassen muß ... Ich habe mich immer mehr als Deutscher fühlen gelernt und muß diese Schande erleben.«[102]

99 Laubscher, a.a.O., S. 120/122.
100 Klepper, Tagebuch, S. 37.
101 A.a.O., S. 41.
102 A.a.O., S. 85.

Die immer bedrohlicher werdende Situation jüdischer Menschen in Deutschland jener Jahre zieht sich wie ein roter Faden durch die Aufzeichnungen seines Tagebuches in den Jahren 1932–42. Persönlich wurde er immer tiefer mit in den Abgrund gerissen; keinen Augenblick hat er daran gedacht, auf eine bequeme und feige Weise dem zu entgehen. Im September 1933 schreibt er zu dem Vorschlag seiner Frau, die Ehe zu scheiden, damit sie seinem künstlerischen Auftrag nicht im Wege stehe: »Ich kann diesen Entschluß nicht fassen. In diesem jüdischen Schicksal, in das Gott einen einbezieht, ist etwas, wogegen ich nicht ankann.«[103] Bitter erfährt er die Diffamierung seiner Ehe: »Und diese Mischehe soll nun Volksverrat, Entartung, Zersetzung sein. Beziehungen zu Juden und Jüdinnen sollen in Zukunft sogar mit Konzentrationslager bestraft werden.«[104] Selbst aus der Reichsschrifttumskammer ausgeschlossen, zitiert Klepper Goebbels, daß der Reichskulturkammer jetzt »keine Juden, keine Halbjuden und keine jüdisch versippten Mitglieder« mehr angehören[105]. Immer mehr wird Klepper in die Einsamkeit, dem Abgrund entgegengetrieben. »Ich bin der Menschen müder denn je«, schreibt er im Mai 1938 und fährt fort:

»Die Zeitungskiosk-Aushänge bringen einen wieder in antisemitischem Sadismus zur Verzweiflung. Bedrohung, Lüge, Unrecht, Grausamkeit häufen sich stündlich. Wohl dem, der auf die Seite der Leidenden gehört – so schwer es ist, dies zu sagen.«[106]

Von seiner Frau schreibt Klepper:

»Hanni sagt, jetzt breche ich manchmal wegen der Angst um die Zukunft der Juden in Deutschland nachts in Schweiß aus, vor

103 A.a.O., S. 88 f.
104 A.a.O., S. 45.
105 A.a.O., S. 262.
106 A.a.O., S. 355.

allem in Gedanken an Anstellung und Auswanderung der Kinder. Unser Schlaf ist wieder elend wie in den bedrohtesten Zeiten.«[107]

Die Angst treibt viele in den Selbstmord. Nach der sogenannten »Reichskristallnacht« heißt es im November 1938 im Tagebuch Kleppers:

»Nun schreiben auch Meschkes von Selbstmorden in ihrem jüdischen Bekanntenkreis ... Es soll in diesem Monat schon 5000 jüdische Selbstmorde gegeben haben. Zu aller Not dies Quälen.«[108]

Wie ein verzweifelter Schrei klingt die Tagebuchnotiz vom 11. August 1940:

»Jedes Zusammensein mit Juden, eine Lawine von Sorge, Angst und Verzweiflung ... auch die Zukunft unserer Ehe bleibt in völliger Ungewißheit. Dem Menschen kommt es hart an, nur noch mit dem Blick über die Welt hinaus durchs Leben gehen zu müssen. Es gibt kaum einen Schmerzensruf der Psalmen ... der nicht durchlebt wäre.«[109]

Schmerzlich empfindet Klepper das Versagen seiner Kirche, an der er tief innerlich so sehr hängt. Fassungslos – ähnlich wie Ernst Lohmeyer Martin Buber gegenüber – schreibt er im November 1938:

»Genau wie wir stehen Meschkes erschreckt vor dem Faktum, mit welcher Gleichgültigkeit die Christen, auch in Deutschland!, an dem Geschick der Juden vorübergehen, geschweige denn, daß sie erkennen, wie ernst Gott hier mit den Christen redet.«[110]

Klepper spricht von der »schrecklichen Ohnmacht der beiden Kirchen« (12. November 1938). Aber nicht nur Ohnmacht notiert Klepper: »Punkt um Punkt weicht die Kirche zurück. Wahrhaftig, ein Gericht über dem Haus Gottes hat angefangen. Die Kirche fürchtet sich vor dem Staat, nicht

[107] A.a.O., S. 346.
[108] A.a.O., S. 401/408.
[109] A.a.O., S. 525.
[110] A.a.O., S. 397.

vor Gott.«[111] »Daß die evangelische Kirche so schweigen kann, wie sie es tut, und wie ein führerloses Schiff von dem politischen Sturmwind einer doch flüchtigen Gegenwart sich aus ihrem Kurse treiben läßt«, hatte Ernst Lohmeyer einst geschrieben und am Ende seines Briefes das Fazit gezogen, »daß wir kaum jemals so weit vom christlichen Glauben entfernt waren wie eben jetzt.« Klepper spricht von dem Versagen der Kirche gegenüber der Judenpolitik des Dritten Reiches. Wenn er von der Krise des Protestantismus spricht, dann meint er damit den Abfall innerhalb des Protestantismus: den »Abfall von dem Gottgewirkten; Vordrängen des Menschlichen und Teuflischen; Ausbleiben der Heiligung: das Kernproblem bis heute, bis ins tiefste Ich!«[112]

Auch die Bekennende Kirche hatte zu den Maßnahmen gegen die Juden weitgehend geschwiegen. – Lohmeyers Stimme war eine ganz vereinzelte gewesen und deshalb fast völlig überhört worden. In Barmen hatte die Bekennende Kirche im Blick auf die jüdische Situation nichts gesagt, das Alte Testament mit keinem Wort erwähnt. Selbst nach dem November-Pogrom 1938 schrieb Bischof Wurm in seinem Protestschreiben an Reichsjustizminister Gürtner:

»Ich bestreite mit keinem Wort dem Staat das Recht, das Judentum als ein gefährliches Element zu bekämpfen. Ich habe von Jugend auf das Urteil von Männern wie Heinrich von Treitschke und Adolf Stoecker über die zersetzende Wirkung des Judentums auf religiösem, sittlichem, literarischen, wirtschaftlichem und politischem Gebiet für zutreffend gehalten.«[113]

Reinhold Schneider dagegen schreibt:

»Am Tage des Synagogensturms hätte die Kirche schwesterlich neben der Synagoge erscheinen müssen. Es ist entscheidend, daß das nicht geschah.«[114]

---

111 A.a.O., S. 447.
112 A.a.O., S. 523.
113 Zitiert nach Thalmann, S. 209.
114 Ebd.

Klepper hat es nie verwunden, daß die Kirche — eben auch die Bekennende Kirche — so geschwiegen, so versagt hat. Sein Verhältnis zur Bekennenden Kirche war auch aus diesen Gründen nur ein vorsichtig distanziertes. Umso dankbarer begrüßte er Schneiders Stellungnahme. In einer Besprechung des »Las Casas« von R. Schneider schreibt Klepper in einem Brief an Schneider (29. 10. 1938):

»Wir werden die Kirche auch in den Psalmen und bei den Propheten finden. Sehr oft — und das in den erschütternden Partien — hört man in diesem Buch aus dem 16. Jahrhundert die Auseinandersetzung mit den Rassenproblemen und -tragödien des 20. Jahrhunderts und unseres Jahrzehntes heraus. Wie hat die Gegenwart uns gelehrt, Quellen zu lesen! Aber wie diese Quellen hier bei Ihnen zu der Gegenwart sprechen, das ist ein einziges ‚Ecce poeta'.«[115]

Gegenüber einer schweigenden Kirche gibt es wenigstens die vereinzelten Stimmen der Dichter: *ecce poeta!*

Jochen Klepper ging — so zeigt es sein Tagebuch — gebunden in der Ehe an Frau und Tochter, mitleidend bis ins Äußerste den Weg jüdischen Schicksals jener Jahre mit.

Ernst Lohmeyer als theologischer Lehrer, reflektierte stärker das Ineinander von Judentum und Christentum, ein Thema, das als theoretisches Thema Klepper nur am Rande berührte. Es klingt an, wenn er am 27. März 1933 schreibt:

»Das Jüdische hat in meinem Leben zu weiten und tiefen Raum, als daß ich jetzt nicht in all dem Guten, das immer noch über meinem eigenen Leben reichlich blüht, sehr leiden müßte. Denn mir ist, als gäbe die Heilsgeschichte der Juden der Weltgeschichte den Sinn.«[116]

Nur kurze Zeit später bekennt Klepper und nimmt dann sein jüdisches Schicksal ganz bewußt in sein Leben mit Gott hinein:

---

115 J. Klepper, Briefwechsel 1925–1942, Stuttgart 1973, S. 116.
116 Ders., Tagebuch, S. 41.

»Was ich bis jetzt gelebt habe, war mein Leben in Gott. Und wenn ich nun den Teil eines jüdischen Schicksals erlebe, so ist es mein Leben. Ich glaube an alle Leiden von Gott her. Aber ich glaube auch an ein ‚seliges Schauen.'«[117]

Nur wenige Tage später schreibt er:

»Mein jüdisches Schicksal läßt sich in keiner Weise verbrämen und verklären; es spielt zwischen Gott und mir.«[118]

Klepper betont, was jene Zeit zu leugnen oder zu verschweigen suchte: den Juden Jesus. Klepper spricht von der Nähe Gottes, die in der Maske eines jüdischen Kindes, des Menschensohnes, den Verworfenen und Geängstigten nahe und faßbar wurde.

»Immer schreibe ich von Gott. Nie von Christus. Das ist mir Christus: Gottes erträgliche Gestalt unter den Menschen, Gottes Erfüllung der Heiligkeit seiner Gesetze unter den Menschen. – Gott ist ganz in Christus. Aber Christus ist nicht der ganze Gott. In diesen Paradoxien des Glaubens lebt man hin, – und nur wenn ich Jesaja oder Luther lese, kommt eine Beruhigung in meinen Geist.«[119]

Die Doppelheit der Beziehung zwischen Christentum und Judentum, von der Lohmeyer spricht, und die es gerade für uns Deutsche so schwer ist durchzuhalten, klingt hier bei Klepper an. Daß Klepper gegenüber allen Versuchen damaliger Zeit bis weit in die Kirche hinein am Alten Testament als unaufgebbaren Teil der Bibel festgehalten hat, bedarf keiner besonderen Erwähnung, gehen doch die meisten seiner Lieder auf alttestamentliche Worte zurück. Klepper spricht deshalb betont von der einen Bibel:

»Sooft ich die Bibel lese, ist es das gleiche: die gleichen Worte sind an das jüdische Volk gerichtet. Die gleichen Worte bezeichnen

---

117 A.a.O., S. 54.
118 A.a.O., S. 65.
119 A.a.O., S. 76.

Amt und Person Christi. Die gleichen Worte reden mich in meiner innersten Geschichte an, die gleichen Worte weiß ich an alle Gläubigen gerichtet. Ich weiß nichts Lebenswerteres als den Wahnsinn des Glaubens.«[120]

Zunächst war für Klepper – wie für Ernst Lohmeyer – das Thema »Judentum« ein theoretisches religiöses Problem. Schon im Entwurf für seinen ersten großen Roman »Die große Direktrice« greift er dies Thema auf[121]. Durch seine Ehe wurde es ein immer tiefer, schmerzlich existentiell erlebt und erlittenes Thema, ja das Thema seines Lebens. Als Christ weiß er sich eingefordert für das Heil seiner Frau und Tochter, sie als Juden zu Christus zu führen[122]. So sieht er das Judentum auch als Station auf dem Weg der Seinen zur Taufe. Schon im März 1933 denkt er an die Taufe der Seinen. Er sieht, wie weit dieser Weg ist, er übersieht nicht das Trennende, seine Frau von einem liberalen bürgerlichen Judentum geprägt, so heißt es im Tagebuch (23. Juni 1933):

»Wir – Hanni und ich sind freilich, wo der Glaube beginnt, nach wie vor Getrennte, denn sie ist nur der Mensch dieser Welt – ... Aber wir wollen zusammen sterben. Und soweit ich Mensch bin, sage ich nun: Der Mensch, der mein Leben ist, soll auch die letzte Stunde meines Lebens bestimmen. Und dann ist nur noch Gott. Hanni ist Mensch nur dieser Welt – und glaubt, wenn ich nicht alles an ihr verkenne, daß mein Glaube wahr ist. – Einen Gegensatz Christ und Jüdin hat es nie zwischen uns gegeben.«[123]

Eine Notiz aus dem Jahre 1937 zeigt, wie weit, auch wie schwer dieser Weg für beide war:

»Heute erörterten wir am Morgen Hannis Übertritt zur Kirche und ihre Taufe ... Ich glaube, nun ist wieder ein weiter Schritt zurückgetan. Es zieht sie zur Bibel; sie glaubt an Christus – und

---

120 A.a.O., S. 89.
121 Jonas, a.a.O., S. 30.
122 A.a.O., S. 44 f.
123 Klepper, Tagebuch, S. 69.

fern, fern ist ihr die Kirche ... Aber ich muß wieder warten. Alles, alles steht allein bei Gott.«[124]

Klepper sieht die Juden – nicht nur seine Frau – vom christlichen Glauben her auf dem Wege zu Christus, er spricht von den Stufen des Glaubens. Für das Judentum selbst fehlt ihm auch immer wieder das Verständnis, er sieht ihr Leiden, als ein Leiden ohne Idee und ohne Trost. »Die Juden dürfen für keine Idee leiden«[125]; erstaunt fragt er: »Warum geschehen so wenig Übertritte zum Christentum, nun, wo von politischer Konjunktur dabei überhaupt nicht mehr die Rede sein kann?«[126] Klepper kennt eigentlich kein anderes Heil für die Juden, als daß sie sich zu Christus bekehren. Ohne diese Ausrichtung auf Christus hin kann er im Judentum keinen Glauben erkennen. So steht bei ihm auch das harte Wort:

»Im Nationalsozialismus und dem Judentum stehen sich zwei Gegner gegenüber, die beide Christus hassen. – Die Juden vor Pilatus: ,Sein Blut komme über uns und unsere Kinder.'
Ich klammere mich an Römer 11.

An der Seite der leidenden Juden müssen wir unsere Gottesfeindschaft bekennen.«[127]

Am Sonntag, den 18. Dezember 1938, wurde Hanni Klepper getauft, am ersten Weihnachtstag gingen Kleppers zum ersten Mal gemeinsam zum Abendmahl. In der Abkündigung für die Gemeinde hieß es: »Übertritt aus der Glaubenslosigkeit.«[128]

Die Tochter Renate ließ sich am Sonntag, den 9. Juni 1940, taufen. Dankbar schreibt Klepper: »Wie spürbar ist hier Gott am Werk gewesen. Renate hat Gott wirklich allein

---

124 A.a.O., S. 265.
125 A.a.O., S. 400.
126 A.a.O., S. 390.
127 Zitiert nach Thalmann, S. 178.
128 Klepper, Tagebuch, S. 421.

in Christo gesucht und gefunden. Von allgemeiner Religiosität ist hier keine Rede.«[129] Hier begegnen Formulierungen, ein grundsätzliches Verständnis des Judentums wie es bei Ernst Lohmeyer nicht zu finden ist. Konsequenter als Klepper hielt er an der Doppelheit der Beziehung fest und sah — auch als Christ — die eigene religiöse Substanz des Judentums. Dennoch — dies zuletzt Zitierte sind nur Randnotizen; aus den Tagebuchaufzeichnungen Kleppers läßt sich keine Systematik entnehmen! — Thema und Schicksal des Judentums verbinden beide: Jochen Klepper und Ernst Lohmeyer. Nicht zufällig wendet sich Kleppers verzweifelter Aufschrei an den Gott des alten Bundes, der zugleich der Gott des neuen Bundes ist:

»Eines Tages verlangt der Glaube das Äußerste von einem, und man muß Gott ein solches Wort hinhalten: ‚Nun, Gott Israels, laß deine Worte wahr werden! Das ist für den Glauben das Schwerste. Heute: Ich rede es und tue es auch, spricht der Herr'. Hesekiel 37,14.«[130]

Nicht nur dies Thema »Judentum«, auch, daß dieses Thema beiden zum Schicksal wird, verbindet Jochen Klepper mit Ernst Lohmeyer. Kleppers Weg endete in der Nacht zum 11. Dezember 1942, in der er gemeinsam mit Frau und Tochter in den Tod ging. Die letzte Eintragung lautet:

»Wir sterben nun — ach, auch das steht bei Gott. — Wir gehen heute nacht gemeinsam in den Tod. Über uns steht in den letzten Stunden das Bild des segnenden Christus, der um uns ringt. In dessen Anblick endet unser Leben.«[131]

Der Gedanke an den Selbstmord tauchte schon früh in Kleppers Leben auf: schon im März 1933, er zieht sich wie ein roter Faden durch Kleppers Aufzeichnungen. Im Juni 1933 sieht er darin — auch vor Gott — eine letzte Möglichkeit:

---

129 A.a.O., S. 507 f.
130 A.a.O., S. 269.
131 A.a.O., S. 650.

»Meine Einstellung zum Selbstmord hat sich sehr rasch geändert. Alles ist dem Menschen erlaubt, alles Gute, alles Schlechte, weil die Rechnung zwischen Gott und dem Gläubigen beglichen ist. Wie konnte ich den Selbstmord ausnehmen? Mit welchem Recht zog ich eine Grenze? Mit welchem Recht sagte ich von dieser Schuld, sie könne nicht vergeben werden? Heißt es: ‚Alle Sünde und Lästerung wird den Menschen vergeben; aber die Lästerung wider den Geist wird den Menschen nicht vergeben und die Sünde, daß er sich tötet, und die Sünde, daß er seine Frau zu sehr liebt, und die Sünde, daß er müde wird, auch nicht?'

Es heißt: ‚Alle Sünde und Lästerung wird den Menschen vergeben; aber die Lästerung wider den Geist wird den Menschen nicht vergeben.'

Die Sünde gegen den Heiligen Geist bleibt wohl Geheimnis; geoffenbart wird sie nur dem, der sie begehrt; der Gläubige glaubt sie als furchtbares Hauptstück des Glaubens, als Angelpunkt von Verwerfung und Erwählung. Er kann die Frage nach ihr nicht stellen. Als ich zu schreiben begann, drehte sich mir alles nur um die Sünde gegen den Heiligen Geist. Dort suchte ich den Sinn der Geschichte, dort die Lösung des Rätsels um das Judentum. Dort allein erschauere ich. Nicht vor dem Selbstmord. Nicht vor der zu großen Liebe zu meinem letzten Menschen. Nicht vor der Schwäche, doch einmal müde zu werden. Ich bin noch nicht müde. Aber ich glaube, daß der Selbstmord unter die Vergebung fällt wie alle andere Sünde. Und der, der ich heute bin, will ich mit Hanni sterben. Was Gott daraus macht – wie er es ausgehen läßt, ob er mich, ob er Hanni wandelt, wen er nimmt in den Tod, wen er zurückstößt ins Leben, mit welchem Gebet er etwa noch einmal alles Menschliche in einem vernichtet – es geht mich nichts an.«[132]

Jochen Klepper ging diesen Weg, mußte ihn gehen, in der Ehe an Frau und Tochter als Jüdinnen gebunden.

Ernst Lohmeyer wurde 1935 in Breslau seines Amtes enthoben. Seine Briefe an Martin Buber, sein Einsatz für jüdische Dozenten und Studenten, vor allem im sogenannten Cohn-Skandal, wo er zum Schutz eines jüdischen Dozenten gegen nationalsozialistische Studenten die Polizei einsetzte,

---

132 A.a.O., S. 67f.

sowie seine Mitarbeit in der Bekennenden Kirche Schlesiens führten dazu, daß er wegen antinationalsozialistischer Gesinnung und Tätigkeit amtsenthoben, später nach Greifswald strafversetzt und unmittelbar zu Kriegsbeginn eingezogen wurde.[133] Dem persönlichen Einsatz des damaligen Kurators der Universität Breslau hatte es Lohmeyer zu verdanken, daß er nur mit dieser Strafe bestraft wurde.

Als von den Nationalsozialisten Verfolgter wurde Ernst Lohmeyer im Mai 1945 zum ersten Rektor der Universität Greifswald gewählt, um den Neuaufbau und die Wiedereröffnung der Universität vorzubereiten. Als Theologe – bürgerlicher Prägung – stand er wie einst den Nationalsozialisten auch den neuen Machthabern im Wege. In der Nacht zum 15. Februar 1946 wurde er verhaftet und höchstwahrscheinlich am 19. oder 20. September desselben Jahres in der Nähe von Greifswald durch Genickschuß liquidiert. Er wurde als Opfer des Stalinismus zu jener Strafe verurteilt – wie Manès Sperber es einmal formulierte – »niemals gewesen zu sein«[134]. Aufgrund seines Einsatzes für jüdische Dozenten und Studenten war er 1935 strafversetzt worden, von diesem Hintergrund her war er 1945 zum ersten Nachkriegsrektor gewählt worden und stand in dieser Position dem neuen System im Wege.

Der Gedanke des Martyriums – sicher in keiner Weise ahnend, daß er diesen Weg einmal selbst würde gehen müssen – zieht sich, ähnlich wie bei Klepper der Gedanke an den Selbstmord, fast durch das ganze theologische Werk Ernst Lohmeyers. Im April 1927 hielt Ernst Lohmeyer in Paris einen Vortrag »Die Idee des Martyriums im Judentum und Urchristentum.«[135] In den »Grundlagen paulinischer Theologie«

---

133 G. Ehrenforth, Die schlesische Kirche im Kirchenkampf, 1932–1945, Göttingen 1968, S. 200 ff.; E. Dinkler, Theologie und Kirche im Wirken Hans von Sodens, 1933–1945, Göttingen 1984.
134 M. Sperber, Churban oder die unfaßbare Gewißheit, Wien 1979, S. 218.
135 E. Lohmeyer, Die Idee des Martyriums im Judentum und Urchristentum in: Zeitschrift für Systematische Theologie V. Heft 2, 1927, S. 232 ff.

greift Lohmeyer dieses Thema ebenso auf wie in seinen Arbeiten zur Offenbarung des Johannes, seiner Studie über Phil 2, 5–11, dem Philipper-Kommentar, sowie der Monographie »Gottesknecht und Davidsohn«; auch in seinem letzten Werk »Das Vater unser« (1946), erst nach seinem Tode erschienen, klingt dies Thema an; zur 6. Bitte schreibt er:

»Der Gedanke mündet dann bald in die Anschauung von dem Märtyrer, welcher leidend Gottes Wahrheit bezeugt und zeugend Gotteswirklichkeit erleidet. Im Martyrium steht der Fromme für Gott ein wider die Anklagen und Anfeindungen der Welt ...«[136]

Lohmeyer spricht im Zusammenhang der 7. Bitte von der »hilflosen Bedürftigkeit der Beter«, »der bittenden Ohnmacht«, »der unmittelbaren Gewalt des Bösen«. Der Beter kann der Macht des Bösen nicht entrinnen, »wohl aber entrissen werden«[137] – vielleicht doch eine Ahnung des eigenen Geschicks!

Ernst Lohmeyer und Jochen Klepper – sie sind sich in den zwanziger Jahren während des Studiums Jochen Kleppers in Breslau begegnet. Nach seiner Heirat zog Klepper im Oktober 1931 nach Berlin. Für einen direkten Kontakt zwischen Lohmeyer und Klepper in den folgenden Jahren gibt es keine Belege. Der letzte Hinweis aus der Breslauer Zeit ist die Notiz in einem Brief Kleppers vom 31. März 1931 an Rudolf Hermann. Dort schreibt Klepper: »Wir haben eine sehr schöne und große Wohnung, übrigens ganz in der Nähe von der neuen Lohmeyer'schen Wohnung.«[138] Und doch muß es einen Kontakt gegeben haben: als Hartmut Lohmeyer, der Sohn Ernst Lohmeyers, schwer verwundet in Berlin aus dem Lazarett entlassen wurde, hatte er nur die Adresse Jochen Kleppers bei sich und hat diesen als einen der letzten unmittelbar vor seinem Tode besucht[139]. Noch einen zweiten kleinen Hinweis gibt es:

---

136 Ders., Vater unser, Göttingen 1962, S. 142.
137 A.a.O., S. 161.
138 Klepper, Briefwechsel 1925–1942, S. 34.
139 Ders., Tagebuch, ungek. Ausgabe.

Klepper hatte nicht nur seinen Tod bedacht, sondern auch für die Ordnung der Trauerfeier Bibeltexte und Lieder ausgewählt, sowie die Liste derer zusammengestellt, die eine Todesanzeige erhalten sollten. Da heißt es u.a.: »Herrn Professor Dr. D. Ernst und Frau Melie Lohmeyer, Greifswald, Arndstrasse 3.«[140] Klepper kannte Lohmeyers Anschrift in Greifswald; bis in seinen Tod hinein wußte er sich auch ihm verbunden.

Wichtiger aber als die äußere Verbindung ist jene, die das Denken und Empfinden, die Glaube und Schicksal beider bestimmt hat: die Übereinstimmung in den Grundaussagen der Theologie, in dem Verständnis der Kunst sowie die Gebundenheit an das Judentum. Auch aus dieser Übereinstimmung hat der Dichter Jochen Klepper sein Werk geschaffen, das bis heute lebendig geblieben ist, insbesondere in seinen Liedern, die im Gesangbuch der Ev. Kirche Liedgut der Gemeinde geworden sind, die auch im neuen Gesangbuchentwurf in einer noch größeren Zahl vorgesehen sind.

Kleppers Dichten war Dichten mit der Bibel für die Gemeinde; Dichter der Kirche wollte er sein. Auch darin zeigt sich ein Grundzug Lohmeyerscher Theologie.

»Vom Begriff der Religiösen Gemeinschaft« war nicht nur eine der wichtigsten theologischen Arbeiten Lohmeyers, gerade aus den zwanziger Jahren in Breslau, es war auch ein ihm wichtiges Anliegen, das sein theologisches Werk bestimmte – der Gedanke christlich-urchristlicher Gemeinschaft[141].

So darf mit gutem Recht gesagt werden: in den Liedern Kleppers klingt bis in das Gesangbuch der christlichen Kirche auch die unverwechselbare Stimme und Theologie Ernst Lohmeyers mit an und lebt so in der gottesdienstlichen Gemeinschaft fort.

---

140 Thalmann, a.a.O., S. 376.
141 E. Lohmeyer. Vom Begriff der Religiösen Gemeinschaft, Berlin 1925; ders., Von urchristlicher Gemeinschaft, Theologische Blätter, Nr. 6, 1925, S. 135 ff.

Bibliographie Ernst Lohmeyer

auf der Grundlage von In memoriam Ernst Lohmeyer (1951), S. 368–375, erarbeitet von Dieter Lührmann unter Mithilfe von Tatjana Gressert

I. Bücher

Diatheke, ein Beitrag zur Erklärung des neutestamentlichen Begriffs, Leipzig 1913.

Die Lehre vom Willen bei Anselm von Canterbury, Leipzig 1914.

Christuskult und Kaiserkult, SGV 90, Tübingen 1919.

Vom göttlichen Wohlgeruch, SHAW.PH 1919, 9, Heidelberg 1919.

Soziale Fragen im Urchristentum, Wissenschaft und Bildung, Einzeldarstellungen aus allen Gebieten des Wissens, Bd. 172, Leipzig 1921. Nachdruck Darmstadt 1973.

Vom Begriff der religiösen Gemeinschaft, Wissenschaftliche Grundfragen, hg. von R. Hönigswald, Heft 3, Leipzig 1925.

Die Offenbarung des Johannes, HNT IV, 4, Tübingen 1926, ^{2}1953 (HNT 16), ^{3}1970.

Die Offenbarung des Johannes, übertragen, Tübingen 1926.

Kyrios Jesus. Eine Untersuchung zu Phil. 2,5–11, SHAW.PH 1927/28,4, Heidelberg 1928. Nachdruck Darmstadt 1961.

Der Brief an die Philipper, KEK IX, 1, Göttingen 1928, ^{2}1953, ^{3}1954, ^{4}1956, ^{5}1961, ^{6}1964, ^{7}1974. Beiheft von W. Schmauch 1964.

Grundlagen paulinischer Theologie, BHTh 1, Tübingen 1929.

Die Briefe an die Kolosser und an Philemon, KEK IX, 2, Göttingen 1930, ^{2}1953, ^{3}1954, ^{4}1956, ^{5}1961, ^{6}1964, ^{7}1974. Beiheft von W. Schmauch 1964.

Das Urchristentum, 1. Buch: Johannes der Täufer, Göttingen 1932.
Galiläa und Jerusalem, FRLANT NF 34, Göttingen 1936. S. 41–46 abgedruckt in: Das Lukas-Evangelium, hg. von G. Braumann, WdF 280, Darmstadt 1974, S. 7–12.
Das Evangelium des Markus, KEK I,2, Göttingen 1937, ²1951, ³1953, ⁴1954, ⁵1957, ⁶1959, ⁷1963, ⁸1967. Ergänzungsheft von G. Saß 1951, ²1963.
Kultus und Evangelium, Göttingen 1942. Englisch: Lord of the Temple. A Study of the Relation between Cult and Gospel, Edinburgh/London 1961.
Gottesknecht und Davidsohn, SyBU 5, Uppsala 1945, ²1953 (FRLANT 61, Göttingen).
Das Vater Unser, Göttingen 1946, ²1948, ³1952, ⁴1960, ⁵1962. Englisch: The Lord's Prayer, London 1965 = ‚Our Father'. An Introduction to the Lord's Prayer, New York 1966.
Probleme paulinischer Theologie, Darmstadt 1954 bzw. Stuttgart 1955. Enthält die drei Aufsätze aus der ZNW unter demselben Obertitel von 1927, 1929 und 1930.
Urchristliche Mystik. Neutestamentliche Studien, Darmstadt 1956. Enthält sechs Aufsätze aus den Jahren 1925–1941 aus ZSTh und NThT.
Das Evangelium des Matthäus. Nachgelassene Ausarbeitungen und Entwürfe, hg. von W. Schmauch, KEK Sonderband, Göttingen 1956, ²1958, ³1962, ⁴1967.

II. Aufsätze

Die Verklärung Jesu nach dem Markusevangelium, ZNW 21, 1922, S. 185–215.
Urchristliche Mystik, ZSTh 2, 1925, S. 3–18 = Urchristliche Mystik, 1956, S. 7–30.
Von urchristlicher Gemeinschaft, ThBl 4, 1925, Sp. 135–141.
Das zwölfte Kapitel der Offenbarung Johannis, ThBl 4, 1925, Sp. 285–291.
Das Proömium des Epheserbriefes, ThBl 5, 1926, Sp. 120–125.
Replik (auf A. Debrunner, Grundsätzliches über Kolometrie im Neuen Testament, ThBl 5, 1926, Sp. 231–233) ebd. Sp. 233 f.
Vom Neutestamentler- und Kirchenhistorikertag 1926 in Breslau, ThBl 5, 1926, Sp. 282 f.

ΣΥΝ ΧΡΙΣΤΩΙ, in: Festgabe für Adolf Deißmann, Tübingen 1927, S. 218–257.

Die Idee des Martyriums im Judentum und Urchristentum, ZSTh 5, 1927, S. 232–249. Französisch: RHPhR 7, 1927, S. 316–329; und in: Extrait du congres d'histoire du Christianisme, Jubile Alfred Loisy, Annales d'histoire du Christianisme II, Paris und Amsterdam 1928, S. 121–137. Italienisch: RicRel 3, 1927, S. 318–332.

Art. »Apokalyptik«, RGG² I, Tübingen 1927, Sp. 402–406.

Probleme paulinischer Theologie, I. Briefliche Grußüberschriften, ZNW 26, 1927, S. 158–173 = Probleme paulinischer Theologie, 1954 bzw. 1955, S. 7–29.

Über Aufbau und Gliederung des vierten Evangeliums, ZNW 27, 1928, S. 11–36.

Über Aufbau und Gliederung des ersten Johannesbriefes, ZNW 27, 1928, S. 225–263.

August Tholuck, in: Schlesische Lebensbilder III, Breslau 1928, S. 230–239.

Probleme paulinischer Theologie, II. »Gesetzeswerke«, ZNW 28, 1929, S. 177–207 = Probleme paulinischer Theologie, 1954 bzw. 1955, S. 31–74.

Kritische und gestaltende Prinzipien im Neuen Testament, in: Protestantismus als Kritik und Gestaltung, hg. von P. Tillich, Zweites Buch des Kairos-Kreises, Darmstadt 1929, S. 41–69.

Der Begriff der Erlösung im Urchristentum, Vortrag gehalten auf dem 2. deutschen Theologentag am 11. Oktober 1928, in: Deutsche Theologie II, Göttingen 1929, S. 22–45.

Probleme paulinischer Theologie III. Sünde, Fleisch und Tod, ZNW 29, 1930, S. 1–59 = Probleme paulinischer Theologie, 1954 bzw. 1955, S. 75–156.

Caspar Schwenckfeld von Ossig, in: Schlesische Lebensbilder IV, Breslau 1931, S. 40–49.

Hegel und seine theologische Bedeutung, zum Gedenken an seinen 100. Todestag, ThBl 10, 1931, Sp. 337–342.

Von Baum und Frucht. Eine exegetische Studie zu Matth. 3,10, ZSTh 9, 1932, S. 377–397 = Urchristliche Mystik, 1956, S. 31–56.

Zur evangelischen Überlieferung von Johannes dem Täufer, JBL 51, 1932, S. 300–319.

»Und Jesus ging vorüber«, NThT 23, 1934, S. 206–224 = Urchristliche Mystik, 1956, S. 57–79.

Die Offenbarung des Johannes 1920—1934, ThR NF 6, 1934, S. 269—314; NF 7, 1935, S. 28—62. 1934, S. 278—286, 1935, S. 62 abgedruckt in: Apokalyptik, hg. von K. Koch und J.M. Schmidt, WdF 365, Darmstadt 1982, S. 258—264.

Die Versuchung Jesu, ZSTh 14, 1937, S. 619—650 = Urchristliche Mystik, 1956, S. 81—122.

Das Abendmahl in der Urgemeinde, JBL 56, 1937, S. 217—252.

Vom urchristlichen Abendmahl, ThR NF 9, 1937, S. 168—227.273—312; NF 10, 1938, S. 81—99.

Vom Abendmahl im Neuen Testament, DtPfrBl 42, 1938, S. 97 f. 173 f.

Om nattvarden i Nya testamentet, SvTK 14, 1938, S. 333—345.

Vom Sinn der Gleichnisse Jesu, ZSTh 15, 1938, S. 319—346 = Urchristliche Mystik, 1956, S. 123—158; abgedruckt auch bei W. Harnisch (Hg.), Gleichnisse Jesu, WdF 366, Darmstadt 1982, S. 154—179.

Das Vater-Unser als Ganzheit, ThBl 17, 1938, Sp. 217—227.

Der Stern der Weisen, ThBl 17, 1938, Sp. 289—299.

Die Fußwaschung, ZNW 38, 1939, S. 74—94.

Vom urchristlichen Sakrament, DTh 6, 1939, S. 112—126.146—156.

Die Reinigung des Tempels, ThBl 20, 1941, Sp. 257—264.

Das Gleichnis von den bösen Weingärtnern, ZSTh 18, 1941, S. 243—259 = Urchristliche Mystik, 1956, S. 159—181.

Das Gleichnis von der Saat, DTh 10, 1943, S. 20—39.

Die rechte Interpretation des Mythologischen, in: Kerygma und Mythos (ThF 1), Hamburg 1948, S. 154—165. (Nach einem Vortrag Breslau 1944.)

Art. »A und O«, RAC I, 1950, Sp. 1—4.

Art. »Antichrist«, RAC I, 1950, Sp. 450—457.

»Mir ist gegeben alle Gewalt«. Eine Exegese von Mt.28,16—20, in: In memoriam Ernst Lohmeyer, hg. von W. Schmauch, Stuttgart 1951, S. 22—49. Abgedruckt in: Festschrift zur 425. Jahrfeier des Friedrichs-Gymnasiums Herford, Herford 1965, S. 129—151.

III. Herausgeber

Das Wort Gottes, Verhandlungen des Dritten Deutschen Theologentages in Breslau, Göttingen 1931.

IV. Reden

Rede zum Gedächtnis an den Grafen Max Bethusy-Huc, Darmstadt 1922.

Jakob Böhme, Gedenkrede an Jakob Böhmes 300. Todestag, gehalten in der Schlesischen Gesellschaft für vaterländische Kultur zu Breslau, Breslau 1924.

Glaube und Geschichte in den vorderorientalischen Religionen, Rede gehalten bei der Einführung in das Rektorat am 3. November 1930, Breslauer Universitätsreden, Heft 6, Breslau 1931.

Zur Erinnerung an Adolf Kneser, Worte an seinem Sarge, als Manuskript gedruckt Breslau 1930.

Die geistige Bedeutung Deutschlands für Europa (ein Rundfunkvortrag, Breslau 1932).

Gnade und Männlichkeit, Rede veröffentlicht in: Rufende Kirche, Heft 3, Breslau 1935.

Wo wächst Gottes Same? Predigt, Kirchliches Wochenblatt für die evangelischen Gemeinden Breslaus 121, 1935, 298f.

V. Rezensionen

K.B. Ritter, Über den Ursprung einer kritischen Religionsphilosophie in Kants »Kritik der reinen Vernunft«, ThLBl 34, 1913, Sp. 567f.

K.L. Schmidt, Der Rahmen der Geschichte Jesu, DLZ 41, 1920, Sp. 328–331.

J. Bauer, Kurze Übersicht über den Inhalt der neutestamentlichen Schriften, ChW 36, 1922, Sp. 181.

W. Radecke, Markus Germanicus, ChW 36, 1922, Sp. 254.

S. Eitrem, Ein christliches Amulett auf Papyrus, ThLZ 47, 1922, Sp. 401.

T. Scheffer, Die homerische Philosophie, ThLZ 47, 1922, Sp. 432f.

Die Frage nach der Geschichtlichkeit Jesu. Zu A. Drews, Das Markusevangelium, DLZ 43, 1922, Sp. 409–418.

J. Leipoldt, Jesus und die Frauen, DLZ 43, 1922, Sp. 536–538.

E. Jung, Die Herkunft Jesu, DLZ 43, 1922, Sp. 832f.

V. Weber, Gal 2 und Apg 15 in neuer Beleuchtung, ThLZ 48, 1923, Sp. 344f.

V. Schultze, Altchristliche Städte und Landschaften, ThLZ 48, 1923, Sp. 345 f.

J. Schniewind, Das Selbstzeugnis Jesu, ThLZ 48, 1923, Sp. 418.

G. Hoberg, Katechismus der biblischen Hermeneutik; E. v. Dobschütz, Vom Auslegen insonderheit des Neuen Testaments; J. Behm, Heilsgeschichtliche und religionsgeschichtliche Betrachtung des Neuen Testamentes, ThLZ 48, 1923, Sp. 461–463.

A. Headlam, The Life and Teaching of Jesus the Christ, ThLZ 48, 1923, Sp. 466–469.

R. Jelke, Die Wunder Jesu, DLZ 44, 1923, Sp. 231–233.

O. Schmitz, Der Freiheitsgedanke bei Epiktet und das Freiheitszeugnis des Paulus, ThLZ 49, 1924, Sp. 202 f.

W. H. Cadman, The last journey of Jesus to Jerusalem, ThLZ 49, 1924, Sp. 399–401.

J. de Ghellinck usw., Pour l'histoire du mot Sacramentum, ThLZ 49, 1924, Sp. 417–419.

W. Weber, Christusmystik, ThLZ 50, 1925, Sp. 36 f.

P. Mickley, Die Konstantin-Kirchen im heiligen Lande, ThLZ 50, 1925, Sp. 37 f.

J. Bachofen, Das Lykische Volk, ThLZ 50, 1925, Sp. 81 f.

O. Schmitz, Die Christus-Gemeinschaft des Paulus im Lichte seines Genitivgebrauchs, ThLZ 50, 1925, Sp. 223–225.

E. Meyer, Blüte und Niedergang des Hellenismus in Asien, ThLZ 50, 1925, Sp. 465 f.

A. Drews, Die Entstehung des Christentums, DLZ 46, 1925, Sp. 141 f.

E. Fascher, Die formgeschichtliche Methode; R. Bultmann, Die Erforschung der synoptischen Evangelien, ThBl 4, 1925, Sp. 184–186.

E. Sievers, Die Johannesapokalypse klanglich untersucht, ThBl 4, 1925, Sp. 303.

F. X. Funk, Die Apostolischen Väter, ThLZ 51, 1926, Sp. 29 f.

M. Dibelius, An die Thessalonicher I, II, An die Philipper, ThLZ 51, 1926, Sp. 291.

J. Wittig, Leben Jesu in Palästina, Schlesien, und anderswo, ThLZ 51, 1926, Sp. 292–294.

P. M. A. Janvier, Das Leiden unseres Herrn Jesus Christi und die christliche Moral; A. Reatz, Jesus Christus, ThLZ 51, 1926, Sp. 292–294.

K. Barth, Die Auferstehung der Toten, ThLZ 51, 1926, Sp. 467–471.

W. Bauer, Das Johannes-Evangelium, OLZ 29, 1926, Sp. 470f.

G. Bichlmair, Urchristentum und katholische Kirche. ThLZ 52, 1927, Sp. 7.

R. Bultmann, Jesus, ThLZ 52, 1927, Sp. 433–439.

A. Bludau, Die ersten Gegner der Johannesschriften, OLZ 30, 1927, Sp. 270.

J. de Viuppens, Le Paradis Terrestre au troisieme ciel, OLZ 30, 1927, Sp. 382.

A. Schlatter, Die Geschichte der ersten Christenheit, ThLZ 53, 1928, Sp. 230f.

L. Lemme, Das Leben Jesu Christi, ThLZ 53, 1928, Sp. 412f.

W. Michaelis, Täufer, Jesus, Urgemeinde, ThLZ 53, 1928, Sp. 512.

J. Behm, Die mandäische Religion und das Christentum, Gn. 4, 1928, S. 293f.

W. Schubart, Das Weltbild Jesu, OLZ 31, 1928, Sp. 859f.

Principal John Oman, The Text of Revelation, ThLZ 54, 1929, Sp. 323f.

J. Kaerst, Geschichte des Hellenismus, ThLZ 54, 1929, Sp. 343–345.

E. Eisentraut, Des hl. Apostels Paulus Brief an Philemon, ThLZ 54, 1929, Sp. 417.

R. Reitzenstein, Die Vorgeschichte der christlichen Taufe, DLZ 50, 1929, Sp. 1851–1860.

D. Nielsen, Der geschichtliche Jesus, OLZ 32, 1929, Sp. 100–102.

F. Büchsel, Johannes und der hellenistische Synkretismus, OLZ 32, 1929, Sp. 865f.

H. Windisch, Die Orakel des Hystaspes, ThLZ 55, 1930, Sp. 253f.

P.J. Peschek, Geheime Offenbarung und Tempeldienst, ThLZ 55, 1930, Sp. 275–277.

L. Clarke, New Testament Problems, ThLZ 55, 1930, Sp. 293f.

H. Delafosse, Les Écrits de St. Paul IV, ThLZ 55, 1930, Sp. 325f.

Beckh, Der kosmische Rhythmus im Markusevangelium, DLZ 51, 1930, Sp. 1543f.

A.v. Harnack, Ecclesia Petri propinqua, ThLZ 56, 1931, Sp. 98–100.

H.J. Vogels, Codicum NT Specimina, OLZ 34, 1931, Sp. 549.

J.M. Harden, The Anaphoras of the Ethiopic Liturgy, OLZ 35, 1932, Sp. 48f.

Karl Müller, Aus der akademischen Arbeit, HZ 148, 1933, S. 150f.

Hugo Koch, Quellen zur Geschichte der Askese und des Mönchtums, HZ 150, 1934, S. 612f.

R. Schütz, Die Offenbarung Johannis und Kaiser Domitian, DLZ 55, 1934, Sp. 151–156.

W. Michaelis, Datierung des Phil, DLZ 55, 1934, Sp. 1249–1251.

H. Windisch, Paulus und Christus, DLZ 55, 1934, Sp. 1489–1501.

G.S. Duncan, St. Paul's Ephesian Ministry, ThLZ 59, 1934, Sp. 418–421.

Vom Problem paulinischer Christologie, zu Ernst Barnikols christologischen Untersuchungen, ThBl 13, 1934, Sp. 43–53.

E. Peterson, Εἷς Θεός, Gn. 11, 1935, S. 543–552.

P. Le Seur, Die Briefe an die Epheser, Kolosser und Philemon, ThLZ 62, 1937, Sp. 178.

M. Dibelius, An die Thessalonicher I,II, An die Philipper, ThLZ 62, 1937, Sp. 399–401.

J. Blinzler, Die neutestamentlichen Berichte über die Verklärung Jesu; J. Höller, Die Verklärung Jesu, ThLZ 63, 1938, Sp. 228–230.

F. Overbeck, Titus Flavius Klemens von Alexandria, Übersetzung, HZ 157, 1938, S. 572–74.

E.C. Hoskyns u. N. Davey, Das Rätsel des Neuen Testaments, ThLZ 64, 1938, Sp. 409–411.

A. Loisy, Autres Mythes à propos de la Religion, ThLZ 64, 1939, Sp. 450f.

T. Arvedson, Das Mysterium Christi, OLZ 42, 1939, Sp. 742–745.

R.H. Bainton, Concerning Heretics. An anonymous work attributed to Sebastian Castellio, HZ 159, 1939, S. 129f.

H.J. Ebeling, Das Messiasgeheimnis und die Botschaft des Markusevangelisten, ThLZ 65, 1940, Sp. 18–22.

VI. Verschiedenes

Theologische Thesen. Berlin 1912.

Denkschrift zur Hundertjahrfeier des westfälischen Jägerbataillons Nr. 7 am 3. Oktober 1915.

Wendelin Heinelt, in: Hermann Stehr, Sein Werk, seine Welt, hg. von W. Meridies, Habelschwerdt 1924.

Geheimnisse des Ostens, zu D. Mereschkowskijs gleichnamigen Buch, in: Schlesische Zeitung, Unterhaltungsbeilage vom 20. August 1924.

Albert Schweitzer, Das Christentum und die Weltreligionen und Aus meiner Kindheit und Jugendzeit, in: Frankfurter Zeitung, Literaturblatt vom 29. August 1924.

Dichtung und Weltanschauung, in: Der Ostwart, 1924, S. 71–74. 129–135.

Religion und Kaufmann, in: Der Kaufmann und das Leben, Beiblatt zur Zeitschrift für Handelswissenschaft und Handelspraxis, 19, 1926, Heft 7 und 8.

Kapitalismus und Protestantismus, ebd. 21, 1928, Heft 4.

Das kommende Reich, in: Die Tat, Monatsschrift für die Zukunft der deutschen Kultur 18, 1927, S. 846–853.

Kyrios Jesus, FuF 4, 1928, S. 76 f.

Offener Brief an Hans Lietzmann, ThBl 11, 1932, Sp. 18–21 samt Bemerkung, ebd. Sp. 93 (vgl. H. Lietzmann, ZNW 30, 1931, S. 315, sowie die Briefe Nr. 771 und 773 bei Aland, s.u.)

Was heißt uns Bibel des Alten und Neuen Testamentes? Wingolfsnachrichten 3, 65. Jahrg. 1936, S. 217–222.

Zum Gedächtnis Erich Schaeders, DtPfrBl 40, 1936, S. 285 f.

Zum Gedächtnis Erich Schaeders, Schlesische Zeitung vom 6.3.1936.

VII. Veröffentlichte Briefe Ernst Lohmeyers

an Hans Lietzmann:
Glanz und Niedergang der deutschen Universität. 50 Jahre deutscher Wissenschaftsgeschichte in Briefen an und von Hans Lietzmann (1892–1942), hg. von K. Aland, Berlin 1979, Nr. 637 (S. 584 f.).654 (S. 594).773 (S. 692 f.).

an Martin Buber:
M. Buber, Briefwechsel aus sieben Jahrzehnten, hg. von G. Schaeder, Bd. 2, Heidelberg 1973, Nr. 450 (S. 499–501).454 (S. 504–506). Brief Nr. 450 mit einer Einführung von E. Stegemann abgedruckt in: Kirche und Israel 1, 1986, S. 5–8.

an Hans von Soden:
Theologie und Kirche im Wirken Hans von Sodens, hg. von E. Dinkler, Arbeiten zur kirchlichen Zeitgeschichte Reihe A, Göttingen 1984, S. 84.

VIII. Über Ernst Lohmeyer

O. Cullmann, Ernst Lohmeyer (1890–1946), ThZ 7, 1951, S. 158–160 = ders., Vorträge und Aufsätze, Tübingen 1966, S. 663–666.

G. Ehrenforth, Die schlesische Kirche im Kirchenkampf 1932–1945, AGK.E 4, Göttingen 1968, S. 200–207 (»Die ev. theol. Fakultät an der Universität Breslau im schlesischen Kirchenkampf«).

E. Esking, Glaube und Geschichte in der theologischen Exegese Ernst Lohmeyers, ASNU 18, Uppsala 1951.

Ders., Ernesto Lohmeyer, Nuntius sodalicii neotestamentici Upsaliensis 5, 1951, Sp. 33–36.

W.G. Kümmel, Ernst Lohmeyer †, Neue Zürcher Zeitung vom 14.3.1951, S. 1 f.

Ders., Das Neue Testament. Geschichte der Erforschung seiner Probleme, Freiburg / München, ²1970 (Register).

Ders., Das Neue Testament im 20. Jahrhundert, SBS 50, Stuttgart 1970 (Register).

H. Kunst, »Ich will dich segnen, und Du sollst ein Segen sein«: Zur Erinnerung an Ernst Lohmeyer, in: Freie und Hansestadt Herford 3, Herford 1985, S. 74–77.

E.A. Lekai, The Theology of the People of God in E. Lohmeyer's Commentaries on the Gospel of Mark and Matthew, Diss. Catholic University of America 1974 (DissAb 35, 1974, 1744-A).

O. Lewe, Ernst Lohmeyer, ein Kirchenlehrer unserer Zeit, Der Minden-Ravensberger 59, 1987, S. 140–142.

D. Lührmann, Art. »Lohmeyer, E.« in: A Dictionary of Biblical Interpretation I, London 1990, S. 408 f.

B. Otto, Unserem ehemaligen Schüler Ernst Lohmeyer zum Gedenken, in: Festschrift zur 425. Jahrfeier des Friedrichs-Gymnasiums Herford, Herford 1965, S. 127 f.

G. Otto (geb. Lohmeyer), Erinnerung an Ernst Lohmeyer, DtPfrBl 81, 1981, S. 358–362.

Dies., »Habe Liebe und tue, was du willst!« Zur Erinnerung an Ernst Lohmeyer, in: Freie und Hansestadt Herford 3, Herford 1985, S. 77–84.

G. Saß, Die Bedeutung Ernst Lohmeyers für die neutestamentliche Forschung, DtPfrBl 81, 1981, S. 356–358.

Ders., Art. »Lohmeyer, Ernst«, NDB 15, 1987, S. 132f.

W. Schmauch, In memoriam, in: ders. (Hg.), In memoriam Ernst Lohmeyer, Stuttgart 1951, S. 9–16.

Ders., Art. »Lohmeyer, Ernst«, RGG³ 4, 1960, Sp. 440f.

Ernst Lohmeyer bei Vandenhoeck & Ruprecht

Das Evangelium des Markus
Mit einem Ergänzungsheft von Gerhard Sass. 17. Auflage (8. Auflage dieser Auslegung). 420 Seiten, Leinen

Das Vater unser
5. Auflage. 216 Seiten, kartoniert

Gottesknecht und Davidssohn
Hrsg. von Rudolf Bultmann. 2. Auflage. 159 Seiten, kartoniert

Das Evangelium des Matthäus
Nachgelassene Entwürfe zur Übersetzung und Erklärung von Ernst Lohmeyer. Vergriffen

Die Briefe an die Kolosser und an Philemon
Vergriffen

Kultus und Evangelium
Vergriffen

Galiläa und Jerusalem
Vergriffen

Vandenhoeck & Ruprecht in Göttingen und Zürich